ARCHIDAMUS

PAR ISOCRATE

TRADUIT EN FRANÇAIS

AVEC

LE TEXTE GREC EN REGARD ET DES NOTES

PAR M. C. LEPRÉVOST

PROFESSEUR AU COLLÈGE ROYAL DE BOURBON

PARIS

LIBRAIRIE DE L. HACHETTE

RUE PIERRE-SARRAZIN, 12

1843

ARCHIDAMUS

PARIS. — TYPOGRAPHIE DE FIRMIN DIDOT FRÈRES,
RUE JACOB, 56.

ARCHIDAMUS

PAR ISOCRATE

TRADUIT EN FRANÇAIS

AVEC

LE TEXTE GREC EN REGARD ET DES NOTES

PAR M. C. LEPRÉVOST

PROFESSEUR AU COLLÉGE ROYAL DE BOURBON

PARIS

LIBRAIRIE DE L. HACHETTE

RUE PIERRE-SARRAZIN, 12

1843

INTRODUCTION.

L'histoire de la puissance de Thèbes est l'histoire de l'abaissement de Lacédémone, à qui Épaminondas fit voir pour la première fois la fumée d'un camp ennemi. Thèbes, élevée tout à coup à la tête des cités de la Grèce, retombe, presque aussitôt après la mort de ce grand homme, au point d'où elle est partie.

Voici en peu de mots l'origine de ses succès inespérés et la suite des faits en face desquels se trouve l'orateur.

Le Lacédémonien Phébidas, conduisant un renfort contre Olynthe assiégée par son compatriote Eudamidas, surprend, en passant, la citadelle de Thèbes, que lui livre le Thébain Léontidas, chef du parti aristocratique. Isménias, chef du parti populaire, est mis à mort, et ses partisans se réfugient à Athènes.

A cette époque, Sparte est toute-puissante : les Thébains et les Béotiens sont soumis, Argos abattue, Athènes abandonnée, la puissance d'Olynthe anéantie. L'alliance de Corinthe ajoute encore à sa force : elle croit n'avoir plus rien à redouter, quand une poignée de bannis, partie d'Athènes sous la conduite de Pélopidas, rentre furtivement dans Thèbes, massacre les tyrans, et appelle les Thébains à la liberté. Athènes, provoquée par le Spartiate Sphodrias, qui tente une surprise sur le Pirée, se jette dans leur alliance, et les Thébains, tantôt secondés, tantôt abandonnés par elle, poursuivent le cours de leurs succès contre les rois Cléombrote et Agésilas, ruinant Platée et Thespies, sous les murs de laquelle tombe Phébidas, l'auteur de la guerre, dispersant leurs habitants, et menaçant l'indépendance de la Phocide, jusqu'à ce que leur ambition inspire une sérieuse défiance à Athènes et au reste de la Grèce. Les députés des principales villes se réunissent à Sparte, qui, représentée par Agésilas, exclut Thèbes du traité qu'elle conclut avec les autres peuples.

Alors Cléombrote, qui protégeait la Phocide, reçoit l'ordre d'entrer dans la Béotie. Les Thébains ne peuvent lui opposer qu'une armée inférieure en nombre. Mais elle est commandée par Épaminondas, qui a sous ses ordres Pélopidas à la tête du bataillon sacré. Les deux armées en viennent aux mains près de Leuctres, et les Thébains sont vainqueurs, 371 av. J. C. Épaminondas poursuit le cours de ses conquêtes jusque dans la Laconie elle-même, défait en maintes rencontres les Spartiates, et en dernier lieu à Mantinée, où ce grand capitaine périt au sein de la victoire. Les Lacédémoniens souvent battus envoient demander la paix aux Thébains. Ceux-ci la leur promettent, à condition qu'ils laisseront rétablir Messène et qu'ils lui accorderont un gouvernement indépendant. C'est dans cet état de choses qu'Archidamus est censé prononcer ce discours.

ARGUMENT ANALYTIQUE

D'ARCHIDAMUS.

1. Si Archidamus prend la parole, malgré sa jeunesse, c'est que personne ne tient un langage digne de la république. — 2. D'ailleurs on devrait permettre aux jeunes gens de donner leur avis, quand il s'agit de la guerre, puisqu'ils en partagent les dangers ; qu'en se trompant, ils ne feraient tort qu'à eux-mêmes, et que, par ce moyen, on pourrait choisir le meilleur conseil. — 3. Il s'agit ici de la liberté de Sparte, qu'il faut défendre à tout prix ; et céder, ce serait essuyer une plus honteuse défaite qu'à Leuctres. — 4. Les alliés qui lui imposent l'abandon de Messène sont plus coupables envers elle que ceux qui l'ont délaissée dès le commencement de la guerre : au reste, il est plus beau de ne devoir son salut qu'à soi-même. — 5. Les Spartiates n'ont pas plus de droits sur Lacédémone que sur Messène. — 6. Lacédémone donnée à Hercule par Tyndare, et Messène conquise par ce héros sur Nélée. — 7. Alliance des Héraclides avec les Doriens, auxquels ils donnent leurs terres, en se réservant la royauté. Partage de la conquête en trois royaumes. Meurtre de Cresphonte, dont les enfants livrent les États aux Lacédémoniens. — 8. S'ils défendent Lacédémone, ils doivent également revendiquer Messène. — 9. D'ailleurs la possession de Messène est consacrée par le temps. — 10. Dans les temps les plus critiques de la république, on ne leur en a jamais contesté la légitimité. — 11. L'oracle de Delphes leur indiqua les moyens de s'en rendre maîtres. — 12. Les enfants de Cresphonte la leur ont donnée, et les dieux et les ennemis ont décidé en leur faveur. — 13. Il faut céder aux temps, dit-on. — 14. Mais il ne faut jamais sacrifier l'intérêt à l'honneur. — 15. Et d'ailleurs il arrive souvent que les vaincus sont vainqueurs à leur tour. — 16. Athènes, par exemple, sort glorieuse de la lutte contre les Perses. — 17. Denys le

Tyran triomphe des Carthaginois. — 18. Amyntas recouvre toute la Macédoine. — 19. Et Thèbes elle-même dicte des lois à son tour. — 20. Courage donc et espoir ! Une bonne discipline et un sage gouvernement peuvent rétablir les affaires. — 21. La guerre est peu sûre, dit-on. — 22. Mais la paix n'est profitable qu'aux États qui prospèrent. — 23. Jadis un seul Lacédémonien suffisait pour sauver des cités étrangères ; quelle honte, pour le peuple entier, s'il ne songe pas même à défendre la patrie ! — 24. Une terre que les Messéniens ont défendue vingt ans, et que leurs pères n'ont acquise qu'à force de travaux, vont-ils la céder au premier mot ? — 25. Il en est qui s'emportent jusqu'à proclamer la faiblesse de la république et la puissance de ses ennemis, et qui demandent d'où elle attend du secours. — 26. Mais elle a pour elle le bon droit, la faveur des dieux, une bonne constitution et les fautes de l'ennemi. — 27. Au dehors, elle aura pour alliés les Athéniens, Denys, le roi d'Égypte et les souverains d'Asie. — 28. Les villes secondaires du Péloponèse regrettent déjà l'administration de Lacédémone. — 29. Mais cet espoir ne se réalisât-il pas, elle doit, par respect pour la mémoire de ses aïeux, ne rien céder de ses droits, et ne pas faire mentir ceux qui pensent bien d'elle. — 30. Ses ennemis l'aideront elle-même à se relever par leurs fautes. Sinon, voici ce qu'il lui conseille. — 31. Envoyer, dans des lieux sûrs, les vieillards, les enfants, les femmes et toute la foule inutile ; et s'emparer d'une bonne position, d'où l'on poursuivra la guerre. — 32. Une armée, comme celle de Lacédémone, sera bien redoutable. — 33. Mais si l'ennemi réunit toutes ses forces pour l'attaquer ?... Tant mieux ! elle en aura plus tôt fini. — 34. En quoi consiste la supériorité de Lacédémone ? Ce n'est pas dans le nombre de ses habitants, mais bien dans son organisation, qui est celle d'une armée. — 35. Les aïeux ont pris cette contrée avec fort peu de monde ; les Athéniens ont quitté leur patrie, pour défendre leur liberté ; les Phocéens sont allés fonder Marseille, pour échapper au despotisme du grand roi : et eux, n'oseront-ils quitter leur ville pour se défendre et se soustraire à la domination de ceux qu'ils ont toujours dominés en maîtres ? — 36. Ce n'est pas l'unique moyen de salut, sans doute ; mais il faut être prêt à tout souffrir plutôt que de rendre Messène. — 37. La guerre est le seul moyen d'obtenir une paix honorable

et solide, qu'on ne peut espérer, si on laisse s'agrandir près de Lacédémone une ville habitée par ses esclaves. — 38. Quand eut-elle jamais
plus raison de faire la guerre? Les Thébains lui dictent d'injustes lois,
lui arrachent son territoire, affranchissent ses esclaves, et les instal-
lent dans son héritage. Ce n'est pas seulement la guerre, c'est l'exil
et la mort qu'il faut braver, pour se soustraire à de pareils malheurs.
— 39. Ce n'est pas l'intérêt des alliés, mais l'honneur de la république, qu'il faut consulter. Pas de salut acheté au prix de la honte :
or le lâche se révèle dans le conseil comme dans l'action.—40. Il faut
bien se garder de déshonorer Lacédémone, en se soumettant aux ordres de ceux à qui l'on en a donné, et en ne défendant point une liberté
pour laquelle mouraient les aïeux.—41. Qui d'entre eux osera désormais assister aux jeux Olympiques, aux grandes assemblées de la
Grèce, où le nom Lacédémonien était si respecté? On dira que les Lacédémoniens n'étaient que des fanfarons de vertu.—42. Qu'on imite ses
ancêtres, et qu'on n'attende pas des autres un secours qu'on ne doit
demander qu'à soi-même. — 43. Athènes et Thèbes ne se sont pas éle-
vées si haut par la paix, mais par une résistance héroïque. Tous les
regards sont maintenant fixés sur Lacédémone. — 44. La guerre doit
procurer à Lacédémone la gloire et la sécurité. — 45. Tant que les
princes de la maison d'Archidamus les ont commandés, jamais les
Lacédémoniens ne furent vaincus : qu'ils s'en rapportent donc aux
conseils de ceux qui les conduisent à la victoire.

ΑΡΧΙΔΑΜΟΣ.

1. Ἴσως τινὲς ὑμῶν θαυμάζουσιν, ὅτι, τὸν ἄλλον χρόνον ἐμμεμενηκὼς τοῖς τῆς πόλεως νομίμοις [1], ὡς οὐκ οἶδ' εἴ τις ἄλλος τῶν ἡλικιωτῶν [2], τοσαύτην πεποίημαι τὴν μεταβολήν, ὥστε, περὶ ὧν ὀκνοῦσιν οἱ πρεσβύτεροι λέγειν, περὶ τούτων, νεώτερος ὢν, παρελήλυθα συμβουλεύσων. Ἐγὼ δ', εἰ μέν τις τῶν εἰθισμένων ἐν ὑμῖν ἀγορεύειν ἀξίως ἦν τῆς πόλεως εἰρηκώς, πολλὴν ἂν ἡσυχίαν ἦγον · νῦν δ' ὁρῶν τοὺς μὲν συναγορεύοντας οἷς οἱ πολέμιοι προστάττουσι [3], τοὺς δ' οὐκ ἐρρωμένως ἐναντιουμένους, τοὺς δὲ παντάπασιν ἀποσεσιωπηκότας, ἀνέστην ἀποφανούμενος ἃ γιγνώσκω περὶ τούτων, αἰσχρὸν νομίσας, εἰ, τὴν ἰδίαν τοῦ βίου τάξιν διαφυλάττων [4] περιόψομαι τὴν πόλιν ἀνάξια ψηφισαμένην ἑαυτῆς.

2. Ἡγοῦμαι δ', εἰ καὶ περὶ τῶν ἄλλων πρέπει τοὺς τηλικούτους [5] σιωπᾷν, περί γε τοῦ πολεμεῖν ἢ μὴ προσήκειν τούτους [6] μάλιστα συμβουλεύειν, οἵπερ καὶ τῶν κινδύνων πλεῖστον μέρος μεθέξουσιν, ἄλλως τε δὴ καὶ τοῦ γνῶναί τι τῶν δεόντων ἐν κοινῷ καθεστῶτος ἡμῖν. Εἰ μὲν γὰρ ἦν δεδειγμένον, ὥστε τοὺς μὲν πρεσβυτέρους περὶ ἁπάντων εἰδέναι τὸ βέλτιστον τοὺς δὲ νεωτέρους μηδὲ περὶ ἑνὸς ὀρθῶς γιγνώσκειν, καλῶς ἂν εἶχεν ἀπείργειν ἡμᾶς τοῦ συμβουλεύειν. Ἐπειδὴ δ' οὐ τῷ πλήθει τῶν ἐτῶν πρὸς τὸ φρονεῖν [7] εὖ διαφέρομεν ἀλλήλων, ἀλλὰ τῇ φύσει καὶ ταῖς ἐπιμελείαις, πῶς οὐκ ἀμφοτέρων χρὴ τῶν ἡλικιῶν πεῖραν λαμβάνειν, ἵν' ἐξ ἁπάντων ὑμῖν ἐξῇ τῶν ῥηθέντων ἑλέσθαι τὰ συμφορώτατα; Θαυμάζω δ' ὅσοι τριήρων μὲν ἡγεῖσθαι καὶ στρατοπέδων ἄρχειν ἀξιοῦσιν ἡμᾶς, ὑπὲρ ὧν

ARCHIDAMUS.

1. Peut-être quelques-uns d'entre vous vont-ils s'étonner de me voir, après m'être jusqu'ici montré, de tous les jeunes gens, le plus fidèle aux usages de la république, changer de conduite au point de m'avancer, à mon âge, pour traiter une question sur laquelle les vieillards osent à peine se prononcer. Pour moi, si quelqu'un de ceux qui prennent ordinairement la parole parmi vous, eût tenu un langage digne de la république, je resterais certes bien tranquille. Mais aujourd'hui que je vois les uns appuyer les prétentions de l'ennemi, les autres n'y opposer qu'une molle résistance, et le reste garder un silence absolu, je me lève pour vous exposer mon avis, persuadé qu'il serait honteux d'abandonner, par égard pour mes principes de conduite, la patrie en danger de prendre un parti indigne d'elle.

2. J'avoue que, en toute autre circonstance, le silence convient à ceux de mon âge ; mais, quand il s'agit de faire la guerre ou la paix, la parole appartient à ceux qui doivent prendre aussi le plus de part au danger, surtout lorsque nous pouvons, comme tout le monde, ouvrir un bon conseil. Car s'il était démontré que les vieillards eussent toujours raison, et que les jeunes gens n'eussent jamais, sur quoi que ce soit, aucune idée saine, on ferait bien de nous interdire les délibérations ; mais, comme ce n'est pas du nombre des années, comme c'est d'une aptitude naturelle et de l'étude, que dépend la supériorité des lumières, pourquoi ne pas consulter les deux âges, afin de pouvoir entre tous les avis choisir le meilleur ? J'admire ceux qui nous trouvent bons pour la direction des flottes et le commandement

μὴ καλῶς βουλευσάμενοι πολλαῖς ἂν συμφοραῖς καὶ μεγάλαις
τὴν πόλιν περιβάλοιμεν, εἰπεῖν δ' ἃ γιγνώσκομεν περὶ ὧν ὑμεῖς
μέλλετε κρίνειν, οὐκ οἴονται δεῖν ἡμᾶς, ἐν οἷς κατορθώσαντες
μὲν ἅπαντας ἂν ὠφελήσομεν, διαμαρτόντες δὲ τῆς ὑμετέρας
γνώμης [1] αὐτοὶ μὲν ἴσως φαυλότεροι δόξομεν εἶναι, τὸ δὲ κοινὸν οὐδὲν ἂν ζημιώσαιμεν. Οὐ μὴν ὡς ἐπιθυμῶν τοῦ λέγειν,
οὐδ' ὡς ἄλλως πως παρεσκευασμένος ζῆν ἢ τὸν παρελθόντα χρόνον, οὕτως εἴρηκα περὶ τούτων, ἀλλὰ βουλόμενος ὑμᾶς προ-
τρέψαι μηδεμίαν ἀποδοκιμάζειν τῶν ἡλικιῶν, ἀλλ' ἐν ἁπάσαις
ζητεῖν εἴ τίς τι δύναται περὶ τῶν παρόντων πραγμάτων εἰπεῖν
ἀγαθόν· ὡς, ἐξ οὗ τὴν πόλιν οἰκοῦμεν, οὐδεὶς οὔτε κίνδυνος
οὔτε πόλεμος περὶ τοσούτων τὸ μέγεθος ἡμῖν γέγονε, περὶ ὅσων
νυνὶ βουλευσόμενοι συνεληλύθαμεν.

3. Πρότερον μὲν γὰρ ὑπὲρ τοῦ τῶν ἄλλων ἄρχειν ἠγωνιζό-
μεθα, νῦν δ' ὑπὲρ τοῦ μὴ ποιεῖν αὐτοὶ τὸ προσταττόμενον· ὃ
σημεῖον ἐλευθερίας ἐστίν, ὑπὲρ ἧς οὐδὲν ὅ τι τῶν δεινῶν οὐχ
ὑπομενετέον, οὐ μόνον ἡμῖν, ἀλλὰ καὶ τοῖς ἄλλοις τοῖς μὴ
λίαν ἀνάνδρως διακειμένοις, ἀλλὰ καὶ κατὰ μικρὸν ἀρετῆς ἀν-
τιποιουμένοις. Ἐγὼ μὲν οὖν, εἰ δεῖ τοὐμὸν ἴδιον εἰπεῖν [2], ἑλοί-
μην ἂν ἀποθανεῖν ἤδη, μὴ ποιήσας τὸ προσταττόμενον, μᾶλλον
ἢ πολλαπλάσιον χρόνον ζῆν τοῦ τεταγμένου, ψηφισάμενος ἃ
Θηβαῖοι κελεύουσιν· αἰσχυνοίμην γὰρ ἄν, εἰ γεγονὼς μὲν ἀφ'
Ἡρακλέους, τοῦ δὲ πατρὸς βασιλεύοντος [3], αὐτὸς δ' ἐπίδοξος
ὢν τυχεῖν τῆς τιμῆς ταύτης, περιίδοιμι, καθ' ὅσον ἔστιν ἐπ'
ἐμοί, τὴν χώραν, ἣν ἡμῖν οἱ πατέρες κατέλιπον, ταύτην τοὺς
οἰκέτας τοὺς ἡμετέρους [4] ἔχοντας. Ἀξιῶ δὲ καὶ ὑμᾶς τὴν αὐτὴν
ἐμοὶ γνώμην ἔχειν, ἐνθυμηθέντας, ὅτι μέχρι μὲν ταυτησὶ τῆς
ἡμέρας δεδυστυχηκέναι δοκοῦμεν ἐν τῇ μάχῃ τῇ πρὸς Θηβαίους [5], καὶ τοῖς μὲν σώμασι κρατηθῆναι διὰ τὸν οὐκ ὀρθῶς
ἡγησάμενον, τὰς δὲ ψυχὰς ἔτι καὶ νῦν ἀηττήτους ἔχειν· εἰ δὲ,
φοβηθέντες τοὺς ἐπιόντας κινδύνους, προησόμεθά τι τῶν ἡμετέρων αὐτῶν, βεβαιώσομεν τὰς Θηβαίων ἀλαζονείας, καὶ πολὺ
σεμνότερον τρόπαιον τοῦ περὶ Λεῦκτρα [6] καὶ φανερώτερον στή-

des armées , où nous pouvons, par une faute, entraîner l'État dans les plus grands malheurs, tandis qu'ils ne croient pas devoir entendre notre opinion sur les questions dont vous restez les arbitres : et pourtant, si nous les saisissons bien, nous rendons service à tout le monde, et si nos idées n'obtiennent pas votre suffrage, c'est une preuve de notre insuffisance, mais qui ne peut, au reste, porter aucune atteinte aux intérêts publics. Certes, ce n'est ici ni l'envie de parler ni l'intention de me conduire autrement que par le passé, qui m'inspire : je veux seulement vous engager à ne dédaigner les avis d'aucun âge, et à demander à tous un conseil profitable dans les circonstances actuelles. Car depuis que nous habitons notre ville, jamais guerre, jamais question ne fut d'un intérêt aussi grave que celle que nous sommes venus agiter aujourd'hui.

3 Auparavant, en effet, nous luttions pour commander aux autres ; à présent, c'est pour nous soustraire à leurs exigences ; et c'est le privilége de la liberté, pour laquelle nous devons braver les plus terribles épreuves, non-seulement nous, mais encore tous ceux qui ne sont pas tout à fait lâches, et qui ont encore quelque vertu. Quant à moi, s'il faut dire mon sentiment particulier, j'aimerais mieux mourir en résistant, que de prolonger ma vie bien au delà du terme ordinaire, en souscrivant aux conditions des Thébains. Je rougirais, moi descendant d'Hercule et fils d'un roi, dont je suis l'héritier présomptif, de laisser, autant qu'il est en moi, une contrée que nous ont léguée nos pères, tomber aux mains de nos propres esclaves. Et je pense que vous devez partager mes sentiments, en songeant que jusqu'à ce jour, si nous avons été malheureux dans la guerre contre les Thébains, si nous avons été matériellement vaincus, c'est par la faute de nos chefs ; mais que, moralement, nous sommes toujours invincibles. Si, dans l'appréhension des périls à venir, nous cédons quelque chose de nos droits, nous encouragerons ainsi l'insolence des Thébains, et nous élèverons sur nous-mêmes un trophée bien plus imposant et plus signalé que celui de Leuctres : car l'un est

σομεν καθ' ἡμῶν αὐτῶν · τὸ μὲν γὰρ ἀτυχίας, τὸ δὲ τῆς ἡμετέρας διανοίας ἔσται γεγενημένον. Μηδεὶς οὖν ὑμᾶς πείσῃ τοιαύταις αἰσχύναις τὴν πόλιν περιβαλεῖν.

4. Καίτοι λίαν προθύμως οἱ σύμμαχοι [1] συμβεβουλεύκασιν
ὑμῖν, ὡς χρὴ Μεσσήνην [2] ἀφέντας ποιήσασθαι τὴν εἰρήνην. Οἷς
ὑμεῖς δικαίως ἂν ὀργίζοισθε πολὺ μᾶλλον ἢ τοῖς ἐξ ἀρχῆς ἀπο-
στᾶσιν ἡμῶν. Ἐκεῖνοι μὲν γὰρ, ἀφέμενοι τῆς ἡμετέρας φιλίας,
τὰς αὑτῶν πόλεις ἀπώλεσαν, εἰς στάσεις καὶ σφαγὰς καὶ πολιτείας πονηρὰς ἐμβαλόντες · οὗτοι δ' ἡμᾶς ἥκουσι κακῶς ποιή-
σοντες · τὴν γὰρ δόξαν, ἣν ἡμῖν οἱ πρόονοι μετὰ πολλῶν κινδύνων ἐν ἑπτακοσίοις ἔτεσι κτησάμενοι κατλιπον, ταύτην ἐν
ὀλίγῳ χρόνῳ πείθουσιν ἡμᾶς ἀποβαλεῖν, ἧς [3] οὔτ' ἀπρεπεστέραν
τῇ Λακεδαίμονι συμφορὰν οὔτε δεινοτέραν οὐδέποτ' ἂν εὑρεῖν
ἠδυνήθησαν. Εἰς τοῦτο δ' ἥκουσι πλεονεξίας, καὶ τοσαύτην ἡμῶν
κατεγνώκασιν ἀνανδρίαν, ὥστε, πολλάκις ἡμᾶς ἀξιώσαντες
ὑπὲρ τῆς αὑτῶν [4] πολεμεῖν, ὑπὲρ Μεσσήνης οὐκ οἴονται δεῖν
κινδυνεύειν, ἀλλ', ἵν' αὐτοὶ τὴν σφετέραν αὑτῶν ἀσφαλῶς καρ-
πῶνται, πειρῶνται διδάσκειν ἡμᾶς, ὡς χρὴ τοῖς ἐχθροῖς τῆς
ἡμετέρας παραχωρῆσαι, καὶ πρὸς τοῖς ἄλλοις ἐπαπειλοῦσιν,
ὡς, εἰ μὴ ταῦτα συγχωρήσομεν, ποιησόμενοι τὴν εἰρήνην κατὰ
σφᾶς αὐτούς. Ἐγὼ δ' οὐ τοσούτῳ χαλεπώτερον ἡγοῦμαι τὸν κίν-
δυνον ἡμῖν ἔσεσθαι τὸν ἄνευ τούτω, ὅσῳ καλλίω καὶ λαμπρό-
τερον καὶ παρὰ πᾶσιν ἀνθρώποις ὀνομασττερον. Τὸ γὰρ μὴ δι'
ἑτέρων, ἀλλὰ δι' ἡμῶν αὐτῶν πειρᾶσθαι σώζεσθαι καὶ περιγε-
νέσθαι τῶν ἐχθρῶν, ὁμολογούμενον τοῖς ἄλλοις τοῖς τῆς πόλεως
ἔργοις ἐστίν.

Οὐδε πώποτε δὲ λόγους ἀγαπήσας, ἀλλ' ἀεὶ νομίζων τοὺς
περὶ τοῦτο [5] διατρίβοντας ἀργοτέρους εἶναι πρὸς τὰς πράξεις,
νῦν οὐδὲν ἂν περὶ πλείονος ποιησαίμην ἢ δυνηθῆναι περὶ τῶν
προκειμένων ὡς βούλομαι διελθεῖν. Ἐν γὰρ τῷ παρόντι διὰ
τούτων ἐλπίζω μεγίστων ἀγαθῶν αἴτιος ἂν γενέσθαι τῇ πόλει.

5. Πρῶτον μὲν οὖν οἶμαι δεῖν διαλεχθῆναι πρὸς ὑμᾶς, ὃν

l'œuvre de la fortune ennemie , et l'autre sera le fruit de notre mauvaise volonté. N'écoutez donc pas un conseil dont le succès serait de
nous couvrir de honte !

4. Cependant nos alliés montrent trop de chaleur à vous conseiller
l'abandon de Messène et la conclusion de la paix , et vous avez plus
sujet de leur en vouloir qu'à ceux qui vous ont délaissés tout d'abord.
Car , en renonçant à notre amitié , ceux-ci ont causé la ruine de leurs
cités , qu'ils ont livrées aux factions meurtrières et à la désorganisa-
tion|; tandis que c'est à nous-mêmes que les autres viennent faire tort·
Cette gloire , acquise au prix de sept cents ans de travaux , et que
nous ont léguée nos ancêtres, ils nous conseillent de la répudier en un
instant : jamais ils ne purent imaginer plus indigne , plus funeste conseil pour Lacédémone ! Ils en sont venus à ce point d'égoïsme, et l'o-
pinion qu'ils ont de notre lâcheté est telle , que, aprè nous avoir en-
gagés dans maintes guerres pour protéger leur territoire, ils ne pensent
pas qu'il soit bon pour nous de rien risquer pour Messène , et que ,
afin de jouir eux-mêmes de leurs possessions en toute sécurité , ils
tâchent de nous faire comprendre la nécessité de céder du nôtre aux
ennemis , et nous menacent d'ailleurs , dans le cas où nous n'y con-
sentirions pas , de faire la paix en leur propre nom. Quant à moi, je
pense que, plus il y aura de péril à lutter sans eux, plus il y aura pour
nous de gloire, et plus notre nom sera fameux parmi les hommes ; et
l'entreprise de nous défendre et de vaincre l'ennemi , sans le secours
des autres , et par nous-mêmes , répond dignement au passé de la
république.

Quoique je n'aie jamais aimé les discours , et que j'aie toujours
pensé que ceux qui en font leur étude sont moins propres à l'action ,
aujourd'hui cependant je tiendrais beaucoup à pouvoir exposer mon
sentiment sur la question présente ; car j'espère pouvoir, dans la circonstance actuelle , servir utilement la république.

5. D'abord , je crois devoir vous expliquer comment nous avons

τρόπον ἐκτησάμεθα Μεσσήνην, καὶ δι' ἃς αἰτίας ἐν Πελοποννήσῳ κατῳκήσατε, Δωριεῖς [1] τὸ παλαιὸν ὄντες. Διὰ τοῦτο δὲ
προλήψομαι πόῤῥωτέρωθεν, ἵν' ἐπίστησθε, ὅτι ταύτην ὑμᾶς τὴν
χώραν ἐπιχειροῦσιν ἀποστερεῖν, ἣν ὑμεῖς οὐδὲν ἧττον ἢ τὴν
ἄλλην Λακεδαίμονα [2] κέκτησθε δικαίως.

6. Ἐπειδὴ γὰρ Ἡρακλῆς μετήλλαξε τὸν βίον, θεὸς ἐκ θνητοῦ γενόμενος, κατὰ μὲν ἀρχὰς οἱ παῖδες αὐτοῦ διὰ τὴν τῶν
ἐχθρῶν δύναμιν ἐν πολλοῖς πλάνοις καὶ κινδύνοις ἦσαν, τελευ-
τήσαντος δ' Εὐρυσθέως, κατῴκησαν ἐν Δωριεῦσιν. Ἐπὶ δὲ τρίτης γενεᾶς [3] ἀφίκοντο εἰς Δελφοὺς, χρήσασθαι τῷ μαντείῳ
περί τινων βουληθέντες. Ὁ δὲ θεὸς περὶ μὲν ὧν ἐπηρώτησαν οὐκ
ἀνεῖλεν, ἐκέλευσε δ' αὐτοὺς ἐπὶ τὴν πατρῴαν ἰέναι χώραν. Σκο-
πούμενοι δὲ τὴν μαντείαν, εὕρισκον Ἄργος [3] μὲν κατ' ἀγχι-
στείαν αὐτῶν γιγνόμενον (Εὐρυσθέως γὰρ ἀποθανόντος μόνοι
Περσειδῶν [4] ἦσαν καταλελειμμένοι), Λακεδαίμονα δὲ κατὰ
δόσιν (ἐκβληθεὶς γὰρ Τυνδάρεως [5] ἐκ τῆς ἀρχῆς, ἐπειδὴ Κάστωρ καὶ Πολυδεύκης ἐξ ἀνθρώπων ἠφανίσθησαν [6], καταγαγόν-
τος αὐτὸν Ἡρακλέους, δίδωσιν αὐτῷ τὴν χώραν διά τε τὴν
εὐεργεσίαν ταύτην καὶ διὰ τὴν συγγένειαν τὴν πρὸς τοὺς παῖδας [7]), Μεσσήνην δὲ δοριάλωτον ληφθεῖσαν (συληθεὶς γὰρ Ἡρακλῆς τὰς βοῦς τὰς ἐκ τῆς Ἐρυθείας [8] ὑπὸ Νηλέως καὶ τῶν παίδων [9],
πλὴν ὑπὸ Νέστορος [10], λαβὼν αὐτὴν αἰχμάλωτον, τοὺς μὲν ἀδι-
κήσαντας ἀπέκτεινεν, Νέστορι δὲ παρακατατίθεται τὴν πόλιν,
νομίσας αὐτὸν εὖ φρονεῖν, ὅτι, νεώτατος ὢν, οὐ ξυνεξήμαρτε
τοῖς ἀδελφοῖς).

7. Ὑπολαβόντες δ' οὕτως ἔχειν τὴν μαντείαν, καὶ τοὺς
προγόνους τοὺς ὑμετέρους παραλαβόντες, καὶ στρατόπεδον συ-
στησάμενοι, τὴν μὲν ἰδίαν χώραν εἰς τὸ κοινὸν τοῖς συνακολου-
θήσασιν ἔδοσαν, τὴν δὲ βασιλείαν ἐξαίρετον αὐτοὶ παρ' ἐκείνων
ἔλαβον, ἐπὶ δὲ τούτοις πίστεις ἀλλήλοις δόντες, ἐποιοῦντο τὴν
στρατείαν. Τοὺς μὲν οὖν κινδύνους τοὺς ἐν τῇ πορείᾳ γενομέ-
νους, καὶ τὰς ἄλλας πράξεις τὰς οὐδὲν πρὸς τὸ παρὸν φερούσας,
τί δεῖ λέγοντα διατρίβειν; Πολέμῳ δὲ κρατήσαντες τοὺς ἐν τοῖς

acquis Messène, et par quelles raisons vous , originaires de la Doride, vous êtes venus habiter le Péloponèse. Je reprendrai donc de plus loin , pour que vous sâchiez que ce territoire, dont ils voudraient vous dépouiller , vous ne l'avez pas acquis moins justement que celui de Lacédémone.

6. Après la mort d'Hercule, qui prit rang parmi les dieux, ses enfants , d'abord persécutés par de puissants ennemis, menèrent une vie errante et pleine de dangers jusqu'à la mort d'Eurysthée, époque à laquelle ils s'établirent chez les Doriens. Vers la troisième génération , ils vinrent à Delphes dans l'intention de consulter l'oracle. Le dieu ne répondit pas à leurs questions, mais il leur ordonna de retourner dans le pays de leurs ancêtres. En méditant cet oracle , ils trouvèrent qu'Argos était leur héritage , puisqu'ils étaient devenus , par la mort d'Eurysthée, les seuls descendants de Persée ; que Lacédémone leur appartenait à titre de don , puisque Tyndare, chassé de ses États, quand Castor et Pollux eurent quitté la terre , fut rétabli par Hercule, à qui, pour reconnaître ce bienfait et la communauté d'origine qui l'unissait à ses fils , il fit présent de cette contrée ; que Messène était leur conquête : car Hercule, à qui Nélée et ses enfants, à l'exception de Nestor , avaient volé les bœufs d'Érythée , prit la ville, mit à mort les coupables, confia le gouvernement de la ville à Nestor, en récompense de sa sagesse, parce que, quoique étant le plus jeune, il n'avait point pris part au crime de ses frères.

7. Interprétant ainsi l'oracle , ils prirent avec eux vos ancêtres, rassemblèrent une armée, et donnèrent à partager leur propre pays à ceux qui les avaient suivis , se réservant pour eux-mêmes le privilége de la royauté, que les autres leur concédèrent; et, après s'être donné des gages d'une fidélité mutuelle, ils entreprirent l'expédition. Quels en furent les périls et les événements mémorables, peu importe à la question du moment. Et pourquoi perdre mon temps à le dire ? Enfin,

2

τόποις τοῖς εἰρημένοις κατοικοῦντας, τριχῇ διείλοντο τὰς βασι-
λείας. Ὑμεῖς μὲν οὖν μέχρι ταυτησὶ τῆς ἡμέρας ἐμμένετε ταῖς
συνθήκαις καὶ τοῖς ὅρκοις, οὓς ἐποιήσασθε πρὸς τοὺς προγόνους
τοὺς ἡμετέρους· διὸ καὶ τὸν παρελθόντα χρόνον ἄμεινον τῶν
ἄλλων ἐφέρεσθε, καὶ τὸν ἐπιόντα προσδοκᾷν χρὴ τοιούτους ὄντας
βέλτιον, ἢ νῦν, πράξειν. Μεσσήνιοι δ᾽ εἰς τοῦτ᾽ ἀσεβείας ἦλθον,
ὥστ᾽ ἐπιβουλεύσαντες ἀπέκτειναν Κρεσφόντην, τὸν οἰκιστὴν μὲν
τῆς πόλεως, κύριον δὲ τῆς χώρας, ἔκγονον δ᾽ Ἡρακλέους, αὐτῶν
δ᾽ ἡγεμόνα γεγενημένον. Διαφυγόντες δ᾽ οἱ παῖδες αὐτοῦ τοὺς
κινδύνους, ἱκέται κατέστησαν ταυτησὶ τῆς πόλεως, ἀξιοῦντες
βοηθεῖν τῷ τεθνεῶτι [1], καὶ τὴν χώραν διδόντες ἡμῖν. Ἐπερό-
μενοι δὲ τὸν θεὸν, κἀκείνου προστάξαντος δέχεσθαι ταῦτα [2] καὶ
τιμωρεῖν τοῖς ἠδικημένοις [3], ἐκπολιορκήσαντες Μεσσηνίους, οὕτως ἐκτήσασθε τὴν χώραν.

8. Περὶ μὲν οὖν τῶν ἐξ ἀρχῆς ὑπαρξάντων ἡμῖν ἀκριβῶς
μὲν οὐ διῆλθον (ὁ γὰρ παρὼν καιρὸς οὐκ ἐᾷ μυθολογεῖν, ἀλλ᾽
ἀναγκαῖον ἦν συντομώτερον ἢ σαφέστερον διαλεχθῆναι περὶ αὐτῶν), οὐ μὴν ἀλλὰ καὶ διὰ τούτων οἶμαι πᾶσι φανερὸν εἶναι,
διότι τὴν ὁμολογουμένην ἡμετέραν εἶναι χώραν οὐδὲν διαφε-
ρόντως κεκτημένοι τυγχάνομεν ἢ τὴν ἀμφισβητουμένην. Ταύτην [4]
τε γὰρ οἰκοῦμεν, δόντων μὲν Ἡρακλειδῶν, ἀνελόντος δὲ τοῦ
θεοῦ, πολέμῳ δὲ κρατήσαντες τοὺς ἔχοντας· ἐκείνην [5] τ᾽ ἐλάβομεν
παρὰ τῶν αὐτῶν, καὶ τὸν αὐτὸν τρόπον, καὶ ταῖς μαντείαις χρη-
σάμενοι ταῖς αὐταῖς. Εἰ μὲν οὖν οὕτως ἔχομεν, ὥστε μηδὲ περὶ
ἑνὸς ἀντιλέγειν, μηδ᾽ ἐὰν αὐτὴν τὴν Σπάρτην ἐκλιπεῖν προστάτ-
τωσιν [6] ἡμῖν, περίεργόν ἐστιν ὑπὲρ Μεσσήνης σπουδάζειν· εἰ δὲ
μηδεὶς ἂν ὑμῶν ἀξιώσειε ζῆν ἀποστερούμενος τῆς πατρίδος,
προσήκει καὶ περὶ ἐκείνης τὴν αὐτὴν ὑμᾶς γνώμην ἔχειν. Τὰ
γὰρ αὐτὰ δικαιώματα καὶ τοὺς αὐτοὺς λόγους περὶ ἀμφοτέρων
αὐτῶν ἔχομεν εἰπεῖν.

9. Ἀλλὰ μὴν οὐδ᾽ ἐκεῖν᾽ ὑμᾶς λέληθεν, ὅτι τὰς κτήσεις καὶ
τὰς ἰδίας καὶ τὰς κοινάς, ἂν ἐπιγένηται πολὺς χρόνος, κυρίας

lorsqu'ils eurent subjugué les pays que je viens de rappeler, ils s'en firent trois royaumes. Vous êtes jusqu'à ce jour restés fidèles aux traités et aux serments qui vous lièrent à nos ancêtres. Aussi, vous avez été, dans le passé, plus heureux que les autres, et il faut espérer qu'en persévérant, vous serez, dans l'avenir, plus sûr de qu'à présent. Les Messéniens furent assez impies pour assassiner Cresphonte, fondateur de leur ville, maître du pays, descendant d'Hercule, et qui était devenu leur chef. Ses enfants, échappés au danger, se réfugièrent dans notre ville, implorant de nous vengeance pour la victime, et nous donnant leur contrée. Après avoir consulté le dieu, qui vous ordonna d'accepter ces offres et de venger les opprimés, vous prîtes Messène, et voilà comment vous l'avez acquise.

8. Je ne vous ai pas développé en détail tous nos anciens droits : les circonstances ne comportent pas de longs discours, et je suis forcé d'être plus rapide que précis. Pourtant, je pense avoir démontré clairement pour tout le monde que nous n'avons pas plus de droits à la jouissance du territoire qu'on veut bien nous reconnaître, qu'à celle du pays qu'on nous dispute. Car nous tenons l'un du vœu des Héraclides, de l'oracle du dieu et du droit que donne la guerre au vainqueur. L'autre, ce sont encore les Héraclides, ce sont les mêmes moyens et les mêmes oracles qui nous l'ont livré. Si nous sommes disposés à ne rien refuser, pas même l'abandon de Sparte qu'on pourrait exiger de nous, il est superflu de s'occuper de Messène. Mais s'il n'en est pas un de vous qui consentît à vivre sans patrie, nous devons avoir les mêmes sentiments pour Messène, car nous avons, sur ces deux pays, les mêmes droits et les mêmes raisons à faire valoir.

9. D'ailleurs, vous n'ignorez pas non plus que la possession d'un droit public ou privé, consacrée par le temps, devient légitime et

καὶ πατρῴας ἅπαντες εἶναι νομίζουσιν. Ἡμεῖς τοίνυν Μεσσήνην εἵλομεν[1], πρὶν Πέρσας λαβεῖν τὴν βασιλείαν[2] καὶ κρατῆσαι τῆν ἠπείρου[3], καὶ πρὶν οἰκισθῆναί τινας τῶν πόλεων τῶν Ἑλληνίδων. Καὶ τούτων ἡμῖν ὑπαρχόντων, τῷ μὲν βαρβάρῳ τὴν Ἀσίας ὡς πατρῴαν οὖσαν ἀποδιδόασιν[4], ὃς οὔπω διακόσι' ἔτη[5] κατέσχηκε τὴν ἀρχήν, ἡμᾶς δὲ Μεσσήνην ἀποστεροῦσιν, οἳ πλέον διπλάσιον χρόνον ἢ τοσοῦτον τυγχάνομεν ἔχοντες αὐτήν· καὶ Θεσπιὰς μὲν καὶ Πλαταιὰς[6] ἐχθὲς καὶ πρῴην[7] ἀναστάτους πεποιήκασι, ταύτην δὲ διὰ τετρακοσίων ἐτῶν[8] μέλλουσι κατοικίζειν, ἀμφότερα παρὰ τοὺς ὅρκους καὶ τὰς συνθήκας πράττοντες. Καὶ εἰ μὲν τοὺς ὡς ἀληθῶς Μεσσηνίους κατῆγον, ἠδίκουν μὲν ἂν, ὅμως δ' εὐλογωτέρως ἂν εἰς ἡμᾶς ἐξημάρτανον· νῦν δὲ τοὺς Εἵλωτας[9] ὁμόρους ἡμῖν παρακατοικίζουσιν, ὥστε μὴ τοῦτ' εἶναι χαλεπώτατον, εἰ τῆς χώρας στερησόμεθα[10] παρὰ τὸ δίκαιον, ἀλλ' εἰ τοὺς δούλους τοὺς ἡμετέρους ἐποψόμεθα κυρίους αὐτῆς ὄντας.

10. Ἔτι τοίνυν ἐκ τῶν ἐχομένων γνώσεσθε σαφέστερον, ὅτι καὶ νῦν δεινὰ πάσχομεν, καὶ τότε Μεσσήνην εἴχομεν δικαίως. Πολλῶν γὰρ κινδύνων ἡμῖν γεγενημένων, ἤδη ποτὲ ποιήσασθαι τὴν εἰρήνην ἠναγκάσθημεν, πολὺ χεῖρον πράττοντες τῶν πολεμίων. Ἀλλ' ὅμως ἐν τοιούτοις καιροῖς γιγνομένων τῶν συνθηκῶν, ἐν οἷς οὐχ οἷόν τ' ἦν πλεονεκτεῖν, περὶ μὲν ἄλλων τινῶν ἀμφισβητήσεις ἐγίγνοντο, περὶ δὲ Μεσσήνης οὔτε βασιλεὺς, οὔθ' ἡ τῶν Ἀθηναίων πόλις, οὐδὲ πώποθ' ἡμῖν ἐνεκάλεσεν ὡς ἀδίκως κεκτημένοις αὐτήν. Καίτοι πῶς ἂν περὶ τοῦ δικαίου κρίσιν ἀκριβεστέραν ταύτης εὕροιμεν, τῆς ὑπὸ μὲν τῶν ἐχθρῶν ἐγνωσμένης, ἐν δὲ ταῖς ἡμετέραις δυσπραξίαις γεγενημένης;

11. Τὸ τοίνυν μαντεῖον, ὃ πάντες ἂν ὁμολογήσειαν ἀρχαιότατον εἶναι καὶ κοινότατον καὶ πιστότατον, οὐ μόνον ἔγνω τόθ' ἡμετέραν εἶναι Μεσσήνην, ὅτε, διδόντων ἡμῖν αὐτὴν τῶν Κρεσφόντου παίδων, προσέταξε δέχεσθαι τὴν δωρεὰν καὶ βοηθεῖν τοῖς ἀδικουμένοις, ἀλλὰ καὶ, τοῦ πολέμου μακροῦ γιγνομένου, πεμψάντων ἀμφοτέρων εἰς Δελφούς, κἀκείνων μὲν σωτη-

héréditaire aux yeux de tout le monde. Or, nous avons acquis Messène avant l'établissement de la monarchie des Perses sur le continent, et avant la fondation de certaines républiques de la Grèce ; et cependant, ils font de l'Asie le patrimoine du Barbare, dont l'empire n'a pas encore deux cents ans, et ils nous enlèvent Messène, qui est à nous depuis plus de deux fois le même temps ! Ils viennent dernièrement de renverser et Platée et Thespies ; et c'est après quatre cents ans qu'ils vont rétablir Messène, par une double violation des serments et des traités ! Si encore ils ramenaient les véritables Messéniens, ils auraient tort sans doute ; cependant il y aurait plus d'apparence de raison. Mais aujourd'hui, ce sont les Hilotes qu'ils veulent nous donner pour voisins : si bien que ce qu'il y a de plus pénible pour nous, ce n'est pas de perdre notre territoire, malgré nos droits, mais de le voir à la discrétion de nos esclaves.

10. Vous allez voir plus clairement par ce qui suit et qu'on nous opprime aujourd'hui et qu'alors nous possédions Messène à bon droit. Nous avons eu déjà bien des guerres à soutenir, et nous fûmes forcés jadis de faire, à notre grand désavantage, la paix avec l'ennemi. Cependant, lorsqu'il s'agit de régler les conditions, dans de telles circonstances, quand la fierté ne nous était plus permise, on éleva bien quelques difficultés sur certains autres articles; mais quant à Messène, ni le grand roi, ni la ville d'Athènes ne nous accusèrent de l'avoir injustement acquise. Comment trouver pourtant une sentence plus rigoureusement équitable que celle qu'ont prononcée nos ennemis, et cela dans des temps malheureux pour nous ?

11. L'oracle qui, de l'aveu de tout le monde, est le plus ancien, le plus célèbre et le plus sûr, a non-seulement reconnu que Messène nous appartenait, en nous prescrivant d'accepter la donation que nous en faisaient les enfants de Cresphonte, et d'être en aide aux opprimés ; mais même lorsque, la guerre se prolongeant, nous envoyâmes, des deux camps à Delphes, demander : eux, le moyen d'assurer leur

ρίαν αἰτούντων, ἡμῖν δ' ἐπερωτώντων ὅτῳ τρόπῳ τάχιστ' ἂν
κρατήσαιμεν τῆς πόλεως, τοῖς μὲν οὐδὲν ἀνεῖλεν, ὡς οὐ δικαίαν
ποιουμένοις τὴν αἴτησιν, ἡμῖν δ' ἐδήλωσε καὶ τὰς θυσίας, ἃς
ἔδει ποιήσασθαι, καὶ βοήθειαν παρ' ὧν μεταπέμψασθαι[1].

12. Καίτοι πῶς ἄν τις μαρτυρίαν μείζω καὶ σαφεστέραν
τούτων παράσχοιτο; Φαινόμεθα γὰρ πρῶτον μὲν παρὰ τῶν κυ-
ρίων τὴν χώραν λαβόντες (οὐδὲν γὰρ κωλύει πάλιν διὰ βραχέων
περὶ αὐτῶν διελθεῖν)· ἔπειτα κατὰ πόλεμον αὐτὴν ἑλόντες,
ὅνπερ τρόπον αἱ πλεῖσται τῶν πόλεων περὶ ἐκείνους τοὺς χρόνους ᾠκίσθησαν· ἔτι δὲ τοὺς ἠσεβηκότας εἰς τοὺς παῖδας τοὺς
Ἡρακλέους ἐκβεβληκότες, οἳ δικαίως ἂν ἐξ ἁπάσης τῆς οἰκου-
μένης ὑπερωρίσθησαν· πρὸς δὲ τούτοις, καὶ τῷ πλήθει τοῦ
χρόνου, καὶ τῇ τῶν ἐχθρῶν κρίσει, καὶ ταῖς τοῦ θεοῦ μαντείαις
προσηκόντως ἔχοντες αὐτήν. Ὧν ἓν ἕκαστον ἱκανόν ἐστι
διαλῦσαι τοὺς λόγους τῶν τολμώντων κατηγορεῖν, ὡς ἢ νῦν διὰ
πλεονεξίαν οὐ ποιούμεθα τὴν εἰρήνην, ἢ τότε τῶν ἀλλοτρίων
ἐπιθυμοῦντες ἐπολεμήσαμεν πρὸς Μεσσηνίους. Περὶ μὲν οὖν τῆς
κτήσεως ἔνεστι μὲν ἴσως πλείω τούτων εἰπεῖν· οὐ μὴν ἀλλὰ καὶ
ταῦθ' ἱκανῶς εἰρῆσθαι νομίζω.

13. Λέγουσι δ' οἱ συμβουλεύοντες ἡμῖν ποιεῖσθαι τὴν εἰρήνην, ὡς χρὴ τοὺς εὖ φρονοῦντας μὴ τὴν αὐτὴν γνώμην ἔχειν
περὶ τῶν πραγμάτων εὐτυχοῦντας καὶ δυστυχοῦντας, ἀλλὰ πρὸς
τὸ παρὸν ἀεὶ βουλεύεσθαι, καὶ ταῖς τύχαις ἐπακολουθεῖν, καὶ
μὴ μεῖζον φρονεῖν τῆς δυνάμεως, μηδὲ τὸ δίκαιον ἐν τοῖς τοιούτοις καιροῖς, ἀλλὰ τὸ συμφέρον ζητεῖν.

14. Ἐγὼ δὲ περὶ μὲν τῶν ἄλλων ὁμολογῶ τούτοις· ὅπως δὲ
χρὴ τοῦ δικαίου ποιεῖσθαί τι προὐργιαίτερον, οὐδεὶς ἄν με λέ-
γων πείσειεν. Ὁρῶ γὰρ καὶ τοὺς νόμους ἕνεκα τούτου[2] κειμέ-
νους, καὶ τοὺς ἄνδρας τοὺς καλοὺς κἀγαθοὺς ἐπὶ τούτῳ φιλοτι-

salut ; nous , de prendre la ville ; il ne leur répondit pas , comme s'il condamnait leur demande, et à nous , il nous enseigna les sacrifices qu'il fallait faire et les peuples dont il fallait réclamer l'assistance.

12. Mais comment fournir des preuves plus fortes et plus évidentes ? Car on voit d'abord que nous avons reçu Messène des mains de ses légitimes possesseurs ; (rien n'empêche de nous résumer en peu de mots) et puis nous l'avons prise par le droit de conquête , sur lequel repose l'établissement de presque toutes les villes fondées vers ces temps-là ; de plus, nous en avons chassé la race coupable envers les enfants d'Hercule , et qui méritait bien d'être bannie de toute la terre ; enfin , notre droit est confirmé en outre par le temps , par le jugement de nos ennemis et par les réponses de l'oracle. Chacun de ces témoignages suffit à lui seul pour démentir ceux qui osent nous accuser de refuser la paix aujourd'hui par égoïsme , et d'avoir fait alors la guerre aux Messéniens dans l'espoir d'usurper le bien des autres. J'aurais peut-être encore beaucoup à parler de nos droits sur Messène ; mais je crois en avoir assez dit.

13. D'après ceux qui nous conseillent de faire la paix , les gens sages doivent ne pas envisager les événements sous le même point de vue et dans la prospérité et dans le malheur, mais toujours prendre conseil du présent, se conformer aux temps et ne pas concevoir de pensées au-dessus de leurs moyens, ni considérer, dans ces sortes d'occasions , ce qui est juste , mais ce qui est utile.

14. Sur tous les autres points , j'en demeure d'accord ; mais qu'il faille sacrifier la justice à notre intérêt , voilà ce qu'on ne me persuadera pas. Car je vois que les lois n'ont d'autre portée, les gens de

μουμένους, καὶ τὰς εὖ πολιτευομένας πόλεις περὶ τούτου μάλιστα σπουδαζούσας· ἔτι δὲ τοὺς πολέμους τοὺς προγεγενημένους, οὐ κατὰ τὰς δυνάμεις, ἀλλὰ κατὰ τὸ δίκαιον τὸ τέλος ἅπαντας εἰληφότας· ὅλως δὲ τὸν βίον τὸν τῶν ἀνθρώπων διὰ μὲν κακίαν ἀπολλύμενον, δι’ ἀρετὴν δὲ σωζόμενον. Ὥστ’ οὐκ ἀθυμεῖν δεῖ τοὺς ὑπὲρ τῶν δικαίων κινδυνεύειν μέλλοντας, ἀλλὰ πολὺ μᾶλλον τοὺς ὑβρίζοντας καὶ τοὺς τὰς εὐτυχίας μὴ μετρίως φέρειν ἐπισταμένους. Ἔπειτα κἀκεῖνο χρὴ σκοπεῖν· νυνὶ γὰρ περὶ μὲν τοῦ δικαίου πάντες τὴν αὐτὴν γνώμην ἔχομεν, περὶ δὲ τοῦ συμφέροντος ἀντιλέγομεν. Δυοῖν δὲ προτεινομένοιν ἀγαθοῖν, καὶ τοῦ μὲν ὄντος προδήλου, τοῦ δὲ ἀγνοουμένου, πῶς οὐκ ἂν ποιήσαιτε καταγέλαστον, εἰ τὸ μὲν ὁμολογούμενον ἀποδοκιμάσαιτε, τὸ δ’ ἀμφισβητούμενον ἑλέσθαι δόξειεν ὑμῖν, ἄλλως τε καὶ τῆς αἱρέσεως τοσοῦτον διαφερούσης; Ἐν μὲν γὰρ τοῖς ἐμοῖς λόγοις ἔνεστι, μηδὲν μὲν προέσθαι τῶν ὑμετέρων αὐτῶν, μηδ’ αἰσχύνῃ μηδεμιᾷ τὴν πόλιν περιβαλεῖν, ὑπὲρ δὲ τῶν δικαίων κινδυνεύοντας ἐλπίζειν ἄμεινον ἀγωνιεῖσθαι τῶν ἐχθρῶν· ἐν δὲ τοῖς τούτων [1], ἀφεστάναι μὲν ἤδη Μεσσήνης, προεξαμαρτόντας δὲ τοῦτ’ εἰς ὑμᾶς αὐτούς, τυχὸν [2] καὶ τοῦ συμφέροντος καὶ τοῦ δικαίου καὶ τῶν ἄλλων ἁπάντων, ὧν προσδοκᾶτε, διαμαρτεῖν. Καὶ γὰρ οὐδὲ τοῦτό πω φανερόν ἐστιν, ὡς, ἂν ποιήσωμεν τὰ κελευόμενα, βεβαίως ἤδη τὴν εἰρήνην ἄξομεν. Οἶμαι γὰρ ὑμᾶς οὐκ ἀγνοεῖν, ὅτι πάντες εἰώθασι, πρὸς μὲν τοὺς ἀμυνομένους περὶ τῶν δικαίων διαλέγεσθαι, τοῖς δὲ λίαν ἑτοίμως ποιοῦσι τὸ προσταττόμενον, ἀεὶ πλείω προσεπιβάλλειν οἷς ἂν ἐξ ἀρχῆς διανοηθῶσιν, ὥστε συμβαίνειν βελτίονος εἰρήνης τυγχάνειν τοὺς πολεμικῶς διακειμένους τῶν ῥᾳδίως τὰς ὁμολογίας ποιουμένων.

15. Ἵνα δὲ μὴ δοκῶ περὶ ταῦτα πολὺν χρόνον διατρίβειν, ἁπάντων τῶν τοιούτων ἀφέμενος, ἐπὶ τὸν ἁπλούστατον ἤδη τρέψομαι τῶν λόγων. Εἰ μὲν γὰρ μηδένες πώποτε τῶν δυστυχησάντων ἀνέλαβον αὑτούς, μηδ’ ἐπεκράτησαν τῶν ἐχθρῶν, οὐδ’ ἡμᾶς εἰκὸς ἐλπίζειν περιγενήσεσθαι πολεμοῦντας. Εἰ δὲ πολλάκις

bien d'autre ambition, les gouvernements heureux et sages d'autre
but, et les guerres qui ont eu lieu jusqu'ici, d'autre résultat que de
faire triompher le droit sur la force; qu'enfin, par le vice, l'homme
se perd, et qu'il se sauve par la vertu. Ce n'est donc pas à ceux qui
vont s'exposer pour la défense de leurs droits, de perdre courage, mais
bien plutôt aux oppresseurs, à ceux qui ne savent pas se contenir
dans les succès. Et puis, il faut encore observer une chose : c'est que
maintenant nous avons tous la même opinion sur ce qui est juste ; et
sur ce qui serait utile, nous ne sommes pas d'accord. Or, entre deux
biens, dont l'un est sûr et l'autre incertain, ne serait-il pas ridicule
d'aller, à celui qu'on reconnaît, préférer celui que l'on conteste, surtout quand d'ailleurs la différence est si grande? D'après le langage
que je vous tiens, vous n'avez aucun de vos droits à sacrifier, aucune
atteinte à porter à la gloire de la république; mais, en combattant
pour le bon droit, vous avez l'espoir de l'emporter sur l'ennemi ;
tandis qu'à les entendre, vous devriez renoncer dès ce moment à Messène, et, après vous être fait ce premier tort à vous-mêmes, compro-
mettre peut-être votre intérêt, celui de la justice, et toutes les espérances que vous pouvez concevoir. Car il n'est pas bien prouvé qu'en
nous soumettant aux conditions qu'on nous impose, nous jouirons
d'une paix solide ; et vous n'ignorez pas, je pense, qu'avec ceux qui
se défendent, on discute toujours la question de droit, et qu'à ceux
qui se soumettent trop facilement, on impose toujours des conditions
plus dures que celles auxquelles on avait songé d'abord : si bien que
pour obtenir la paix, mieux vaut se tenir prêt pour la guerre, que se
montrer trop facile pour traiter.

15. Mais afin de ne pas trop appuyer sur de semblables réflexions,
je vous ferai le plus simple des raisonnements. S'il est vrai qu'après
des revers jamais peuple ne reprit l'avantage sur l'ennemi, nous ne

γέγονεν, ὥστε καὶ τοὺς μείζω δύναμιν ἔχοντας ὑπὸ τῶν ἀσθε-
νεστέρων κρατηθῆναι, καὶ τοὺς πολιορκοῦντας ὑπὸ τῶν κατα-
κεκλεισμένων διαφθαρῆναι, τί θαυμαστὸν, εἰ καὶ τὰ νῦν κα-
θεστῶτα λήψεταί τινα μετάστασιν;

16. Ἐπὶ μὲν οὖν τῆς ἡμετέρας πόλεως οὐδὲν ἔχω τοιοῦτον
εἰπεῖν· ἐν γὰρ τοῖς ἐπέκεινα χρόνοις οὐδένες πώποτε κρείττους
ἡμῶν εἰς ταύτην τὴν χώραν εἰσέβαλον· ἐπὶ δὲ τῶν ἄλλων πολλοῖς ἄν τις παραδείγμασι χρήσαιτο, καὶ μάλιστ' ἐπὶ τῆς πόλεως
τῆς Ἀθηναίων. Τούτους γὰρ εὑρήσομεν, ἐξ ὧν μὲν τοῖς ἄλλοις
προσέταττον, πρὸς τοὺς Ἕλληνας διαβληθέντας, ἐξ ὧν δὲ τοὺς
ὑβρίζοντας ἠμύναντο, παρὰ πᾶσιν ἀνθρώποις εὐδοκιμήσαντας.
Τοὺς μὲν οὖν παλαιοὺς κινδύνους εἰ διεξιοίην, οὓς ἐποιήσαντο
πρὸς Ἀμαζόνας ἢ Θρᾷκας ἢ Πελοποννησίους τοὺς μετ' Εὐρυσθέως εἰς τὴν χώραν αὐτῶν εἰσβαλόντας[1], ἴσως ἀρχαῖα καὶ
πόρρω τῶν νῦν παρόντων λέγειν ἂν δοκοίην· ἐν δὲ τῷ Περσικῷ
πολέμῳ τίς οὐκ οἶδεν ἐξ οἵων συμφορῶν εἰς ὅσην εὐδαιμονίαν
κατέστησαν; Μόνοι γὰρ τῶν ἔξω Πελοποννήσου κατοικούντων,
ὁρῶντες τὴν τῶν βαρβάρων δύναμιν ἀνυπόστατον οὖσαν, οὐκ
ἠξίωσαν βουλεύσασθαι περὶ τῶν προσταττομένων αὐτοῖς, ἀλλ'
εὐθὺς εἵλοντο περιιδεῖν ἀνάστατον τὴν πόλιν γεγενημένην μᾶλλον ἢ δουλεύουσαν. Ἐκλιπόντες δὲ τὴν χώραν, καὶ πατρίδα μὲν
τὴν ἐλευθερίαν νομίσαντες, κοινωνήσαντες δὲ τῶν κινδύνων ἡμῖν,
τοσαύτης μεταβολῆς ἔτυχον, ὥστε, ὀλίγας ἡμέρας στερηθέντες
τῶν αὐτῶν, πολὺν χρόνον τῶν ἄλλων δεσπόται κατέστησαν.

17. Οὐ μόνον δ' ἐπὶ ταύτης ἄν τις τῆς πόλεως ἐπιδείξειε τὸ
τολμᾶν ἀμύνεσθαι τοὺς ἐχθροὺς, ὡς πολλῶν ἀγαθῶν αἴτιόν ἐστιν,
ἀλλὰ καὶ Διονύσιος ὁ τύραννος[2], καταστὰς εἰς πολιορκίαν ὑπὸ
Καρχηδονίων, οὐδεμιᾶς αὐτῷ σωτηρίας ὑποφαινομένης, ἀλλὰ
καὶ τῷ πολέμῳ κατεχόμενος, καὶ τῶν πολιτῶν δυσκόλως πρὸς
αὐτὸν διακειμένων, αὐτὸς μὲν ἐμέλλησεν ἐκπλεῖν, τῶν δὲ χρωμένων τινὸς[3] τολμήσαντος εἰπεῖν, ὡς καλόν ἐστιν ἐντάφιον ἡ τυραννίς[4], αἰσχυνθεὶς ἐφ' οἷς διενοήθη, καὶ πάλιν ἐπιχειρήσας πο-

devons naturellement pas espérer nous relever par la guerre ; mais s'il
arriva souvent aux plus forts d'être vaincus par les plus faibles, aux
assiégeants de succomber sous les efforts des assiégés, qu'y aurait-il
d'étonnant, si, pour nous aussi, la fortune présente allait changer ?

16. Ici je ne puis pas nommer Lacédémone ; car jamais, jusqu'à
cette époque, ennemi vainqueur n'envahit notre territoire. Mais on
pourrait citer bien d'autres exemples, surtout celui de la ville d'A-
thènes. Nous la voyons en effet maudite par les Grecs, quand elle impose aux autres sa loi, et se couvrant de gloire aux yeux de tous les
hommes, quand elle repousse l'oppression. Si je rapportais toutes les
guerres soutenues par les Athéniens contre les Amazones, les Thraces,
les habitants du Péloponèse qui envahirent leur pays avec Euristhée, on
pourrait dire que je rappelle des faits bien anciens, des temps bien loin
de nous. Mais dans la guerre Persique, qui donc ignore à quelles extrémités ils furent réduits, et à quel degré de prospérité ils s'élevèrent ? Seuls
des peuples qui habitaient hors du Péloponèse, ils ne daignèrent pas, à
l'approche du flot irrésistible des barbares, tenir conseil sur les lois
qu'on leur imposait, mais ils se déterminèrent sur-le-champ à laisser
ruiner leur patrie, plutôt que de la voir asservie. Abandonnant le pays et
la ville, et ne voyant la patrie que dans la liberté, ils partagèrent avec
nous les dangers de la guerre ; et tel fut le retour de leur fortune, qu'après
être restés quelques jours privés de leurs biens, ils devinrent pour
longtemps les arbitres du reste de la Grèce.

17. Mais ce n'est pas seulement par l'exemple de cette ville, qu'on
peut montrer quels fruits porte une courageuse résistance aux efforts
de l'ennemi. Denys le Tyran, assiégé par les Carthaginois, ne voyait
plus pour lui aucune chance de salut ; enfermé par la guerre, en butte
à la haine des citoyens, il allait s'embarquer, lorsqu'un de ses familiers osa lui dire que le trône est un beau tombeau. Il rougit de sa

λεμεῖν, πολλὰς μὲν μυριάδας Καρχηδονίων διέφθειρεν, ἐγκρα-
τεστέραν δὲ τὴν ἀρχὴν τὴν τῶν πολιτῶν κατεστήσατο, πολὺ δὲ
μείζω τὴν δύναμιν τὴν αὑτοῦ τῆς πρότερον ὑπαρχούσης ἐκτή-
σατο, τυραννῶν δὲ τὸν βίον διετέλεσε, καὶ τὸν υἱὸν ἐν ταῖς αὐταῖς τιμαῖς καὶ δυναστείαις, ἐν αἶσπερ αὐτὸς ἦν, κατέλιπεν.

18. Παραπλήσια δὲ τούτοις Ἀμύντας ὁ Μακεδόνων βασιλεὺς[1] ἔπραξεν. Ἡττηθεὶς γὰρ ὑπὸ τῶν βαρβάρων τῶν προσοι-
κούντων μάχῃ, καὶ πάσης Μακεδονίας ἀποστερηθεὶς, τὸ μὲν
πρῶτον ἐκλιπεῖν τὴν χώραν διενοήθη καὶ τὸ σῶμα διασώζειν,
ἀκούσας δέ τινος ἐπαινοῦντος τὸ πρὸς Διονύσιον ῥηθὲν, καὶ με-
ταγνοὺς ὥσπερ ἐκεῖνος, χωρίον μικρὸν καταλαβὼν, καὶ βοήθειαν
ἐνθένδε μεταπεμψάμενος, ἐντὸς μὲν τριῶν μηνῶν κατέσχεν ἅπασαν Μακεδονίαν, τὸν δ' ἐπίλοιπον χρόνον βασιλεύων, γήρᾳ τὸν
βίον ἐτελεύτησεν.

19. Ἀπείποιμεν δ' ἂν ἀκούοντές τε καὶ λέγοντες, εἰ πάσας
τὰς τοιαύτας πράξεις ἐξετάζοιμεν· ἐπεὶ καὶ τῶν περὶ Θήβας
πραχθέντων εἰ μνησθείημεν, ἐπὶ μὲν τοῖς γεγενημένοις ἂν λυ-
πηθεῖμεν, περὶ δὲ τῶν μελλόντων βελτίους ἐλπίδας ἂν λάβοιμεν.
Τολμησάντων γὰρ αὐτῶν ὑπομεῖναι τὰς εἰσβολὰς[2] καὶ τὰς ἀπει-
λὰς τὰς ἡμετέρας, εἰς τοῦθ' ἡ τύχη τὰ πράγματ' αὐτῶν πε-
ριέστησεν, ὥστε, τὸν ἄλλον χρόνον ὑφ' ἡμῖν ὄντες, νῦν ἡμῖν
προστάττειν ἀξιοῦσιν.

20. Ὅστις οὖν, ὁρῶν τοσαύτας μεταβολὰς γεγνημένας, ἐφ'
ἡμῶν οἴεται παύσεσθαι, λίαν ἀνόητός ἐστιν· ἀλλὰ δεῖ καρτερεῖν
ἐπὶ τοῖς παροῦσι καὶ θαῤῥεῖν περὶ τῶν μελλόντων, ἐπισταμένους, ὅτι τὰς τοιαύτας συμφορὰς αἱ πόλεις ἐπανορθοῦνται πολιτείᾳ χρηστῇ καὶ ταῖς περὶ τὸν πόλεμον ἐμπειρίαις. Περὶ ὧν
οὐδεὶς ἂν τολμήσειεν ἀντειπεῖν, ὡς οὐ τὴν μὲν ἐμπειρίαν μᾶλλον τῶν ἄλλων ἔχομεν, πολιτείαν[3] δ' οἵαν εἶναι χρὴ, παρὰ μό-
νοις ἡμῖν ἐστιν. Ὧν ὑπαρχόντων, οὐκ ἔστιν ὅπως οὐκ ἄμεινον
πράξομεν τῶν μηδετέρου τούτων πολλὴν ἐπιμέλειαν πεποιη-
μένων.

21. Κατηγοροῦσι δέ τινες τοῦ πολέμου, καὶ διεξέρχονται

première pensée, et, reprenant la campagne, il détruisit des milliers de Carthaginois, affermit son autorité sur son peuple, étendit sa puissance au-delà de ses premières limites , et mourut sur le trône , léguant à son fils les honneurs et le pouvoir dont il était revêtu lui-même.

18. Amyntas, roi de Macédoine, en fit à peu près autant. Vaincu par les barbares, ses voisins , et dépouillé de toute la Macédoine , il eut d'abord la pensée d'abandonner le pays et de sauver sa personne, lorsqu'il entendit rappeler avec éloge le mot adressé à Denys ; il change de dessein comme ce prince, s'empare d'un petit château, d'où il reprend, avec les renforts qu'on lui envoie, toute la Macédoine en trois mois. Il mourut vieux et régna jusqu'à la fin de sa vie.

19. Nous renoncerions, vous à m'entendre, moi à vous parler, s'il fallait rappeler tous les faits du même genre. Le nom des Thébains réveillera sans doute pour nous de douloureux souvenirs , mais il doit nous inspirer pour l'avenir de meilleures espérances. Ils osèrent résister à nos attaques et à nos menaces, et leur fortune a changé au point qu'après avoir été jusqu'à présent assujettis à notre puissance, ils prétendent aujourd'hui nous dicter des lois.

20. Nier , en voyant ces retours de la fortune , qu'ils puissent se reproduire en notre faveur, ce serait être bien insensé. Il faut s'armer de courage pour le présent, et se rassurer sur l'avenir, sachant bien que, si les États réparent de semblables désastres, c'est par un bon gouvernement et par l'expérience des choses de la guerre. Sous ce rapport, personne n'oserait nier que nous ne soyons les premiers de tous dans l'art militaire, et les seuls qui jouissions d'un gouvernement si bien entendu. Avec ces deux avantages, il est impossible que nous ne l'emportions pas sur ceux qui ne se soucient ni de l'un ni de l'autre.

21. Il y en a qui s'élèvent contre la guerre, parlent de son incons-

τὴν ἀπιστίαν[1] αὐτοῦ, τεκμηρίοις ἄλλοις τε πολλοῖς χρώμενοι καὶ μάλιστα τοῖς περὶ ἡμᾶς γεγενημένοις, καὶ θαυμάζουσιν εἴ τινες οὕτω χαλεπῷ καὶ παραβόλῳ πράγματι πιστεύειν ἀξιοῦσιν.

22. Ἐγὼ δὲ πολλοὺς μὲν οἶδα διὰ τὸν πόλεμον μεγάλην εὐδαιμονίαν κτησαμένους, πολλοὺς δὲ τῆς ὑπαρχούσης ἀποστερηθέντας διὰ τὴν εἰρήνην. Οὐδὲν γὰρ τῶν τοιούτων ἐστὶν ἀποτόμως οὔτε κακὸν οὔτ' ἀγαθόν· ἀλλ' ὡς ἂν χρήσηταί τις τοῖς πράγμασι καὶ τοῖς καιροῖς, οὕτως ἀνάγκη καὶ τὸ τέλος ἐκβαίνειν ἐξ αὐτῶν. Χρὴ δὲ τοὺς μὲν εὖ πράττοντας τῆς εἰρήνης ἐπιθυμεῖν· ἐν ταύτῃ γὰρ τῇ καταστάσει πλεῖστον ἄν τις χρόνον τὰ παρόντα διαφυλάξειεν· τοὺς δὲ δυστυχοῦντας τῷ πολέμῳ προσέχειν τὸν νοῦν· ἐκ γὰρ τῆς ταραχῆς καὶ τῆς καινουργίας θᾶττον ἂν μεταβολῆς τύχοιεν. Ὧν ἡμεῖς δέδοικα μὴ τἀναντία πράττοντες φανῶμεν· ὅτε μὲν γὰρ ἐξῆν ἡμῖν τρυφᾷν, πλείους τοὺς πολέμους ἐποιούμεθα τοῦ δέοντος· ἐπειδὴ δ' εἰς ἀνάγκην καθέσταμεν, ὥστε κινδυνεύειν, ἡσυχίας ἐπιθυμοῦμεν, καὶ περὶ ἀσφαλείας βουλευόμεθα. Καίτοι χρὴ τοὺς βουλομένους ἐλευθέρους εἶναι, τὰς μὲν ἐκ τῶν ἐπιταγμάτων συνθήκας φεύγειν ὡς ἐγγὺς δουλείας οὔσας, ποιεῖσθαι δὲ τὰς διαλλαγὰς, ὅταν ἢ περιγένωνται τῶν ἐχθρῶν ἢ τὴν δύναμιν τὴν αὐτῶν ἐξισώσωσι τῇ τῶν πολεμίων· ὡς τοιαύτην ἕκαστοι τὴν εἰρήνην ἕξουσιν, οἵαν περ ἂν τοῦ πολέμου ποιήσωνται τὴν κατάλυσιν.

23. Ὧν ἐνθυμουμένους χρὴ μὴ προπετῶς ὑμᾶς αὐτοὺς ἐμβαλεῖν εἰς αἰσχρὰς ὁμολογίας, μηδὲ ῥαθυμότερον ὑπὲρ τῆς πατρίδος ἢ τῶν ἄλλων φανῆναι βουλευομένους. Ἀναμνήσθητε δὲ πρὸς ὑμᾶς αὐτοὺς, ὅτι, τὸν παρελθόντα χρόνον, εἰ πολιορκουμένῃ τινὶ τῶν πόλεων τῶν συμμαχίδων εἷς μόνος Λακεδαιμονίων βοηθήσειεν, ὑπὸ πάντων ἂν ὡμολογεῖτο παρὰ τοῦτον γενέσθαι τὴν σωτηρίαν αὐτοῖς. Καὶ τοὺς μὲν πλείστους τῶν τοιούτων ἀνδρῶν παρὰ τῶν πρεσβυτέρων ἄν τις ἀκούσειεν, τοὺς δ' ὀνομαστοτάτους ἔχω κἀγὼ διελθεῖν. Πεδάριτος[2] μὲν γὰρ, εἰς Χίον εἰσπλεύσας, τὴν πόλιν αὐτῶν[3] διέσωσε· Βρασίδας[4] δ', εἰς Ἀμφίπολιν εἰσελθὼν, ὀλίγους περὶ αὐτὸν τῶν πολιορκουμένων

tance, et rappelant surtout, entre autres exemples, les événements de notre histoire, s'étonnent de nous voir mettre notre confiance dans un parti si violent et si hasardeux.

22. Pour moi, je sais bien des peuples qui sont arrivés par la guerre à une florissante prospérité, beaucoup d'autres, qui ont tout perdu par la paix. Car, dans cet ordre de choses, il n'y a rien d'absolument mauvais, rien d'absolument bon ; mais c'est du parti qu'on sait tirer des événements et des circonstances, que dépend nécessairement le succès. Or, c'est dans la prospérité qu'il faut désirer la paix : c'est l'état le plus favorable au maintien des avantages qu'on possède ; et c'est dans l'adversité qu'il faut songer à la guerre, parce qu'un bouleversement, une révolution peut seule changer la face des affaires. Je crains bien que nous ne fassions justement le con-traire. Car, lorsque nous pouvions jouir en paix, nous avons poussé jusqu'à l'excès l'amour de la guerre ; et maintenant qu'elle est devenue notre unique refuge, nous désirons le repos et nous consultons l'intérêt de notre sécurité. Cependant, ceux qui veulent être libres, doivent repousser les traités qui leur sont imposés, comme autant de gages de servitude, et ne négocier la paix qu'après s'être montrés supérieurs, ou du moins égaux à l'ennemi. Car les conditions de la paix dépendent toujours des derniers événements de la guerre.

23. Voilà ce dont il faut se bien pénétrer, afin de ne pas s'engager précipitamment dans des traités honteux, ni montrer plus de faiblesse, quand il s'agit de la patrie, que quand il s'agit d'autres intérêts. Rappelez-vous que, par le passé, un seul de nos citoyens venant au secours d'une ville alliée, passait, aux yeux de tout le monde, pour son libérateur. Les vieillards vous rediront l'histoire de la plupart de ces grands hommes ; pour moi, je veux vous nommer les plus célèbres. C'est Pédarite, qui fait voile vers Chio et sauve la ville ; Brasidas, qui entre dans Amphipolis, et, s'entourant d'une poignée d'hom-

συνταξάμενος, πολλοὺς ὄντας τοὺς πολιορκοῦντας ἐνίκησε μαχό-
μενος· Γύλιππος[1] δὲ, Συρακοσίοις βοηθήσας, οὐ μόνον ἐκείνους
διέσωσεν, ἀλλὰ καὶ τὴν δύναμιν τὴν κρατοῦσαν αὐτῶν καὶ κατὰ
γῆν καὶ κατὰ θάλατταν, ἅπασαν αἰχμάλωτον ἔλαβεν. Καίτοι
πῶς οὐκ αἰσχρὸν, τότε μὲν ἕκαστον ἡμῶν ἱκανὸν εἶναι τὰς ἀλ-
λοτρίας πόλεις διαφυλάττειν, νυνὶ δὲ πάντας μηδὲ πειρᾶσθαι
τὴν ἡμετέραν αὐτῶν διασώζειν; καὶ τὴν μὲν Εὐρώπην καὶ
τὴν Ἀσίαν μεστὴν πεποιηκέναι τροπαίων ὑπὲρ τῶν ἄλλων πολεμοῦντας, ὑπὲρ δὲ τῆς πατρίδος οὕτω φανερῶς ὑβριζομένης
μηδεμίαν μάχην ἀξίαν λόγου φαίνεσθαι μεμαχημένους; ἀλλ'
ἑτέρας μὲν πόλεις ὑπὲρ τῆς ἡμετέρας ἀρχῆς τὰς ἐσχάτας ὑπομεῖναι πολιορκίας, αὐτοὺς δ' ἡμᾶς, ὑπὲρ τοῦ μηδὲν ἀναγκασθῆναι
παρὰ τὸ δίκαιον ποιεῖν, μηδὲ μικρὰν οἴεσθαι δεῖν ὑπενεγκεῖν κα-
κοπάθειαν, ἀλλὰ ζεύγη μὲν ἵππων ἀδηφαγούντων ἔτι καὶ νῦν
ὁρᾶσθαι τρέφοντας, ὥσπερ δὲ τοὺς εἰς τὰς δεινοτάτας ἀνάγκας
ἀφιγμένους καὶ τῶν καθ' ἡμέραν ἐνδεεῖς ὄντας, οὕτω ποιεῖσθαι
τὴν εἰρήνην;

24. Ὁ δὲ πάντων σχετλιώτατον, εἰ, φιλοπονώτατοι δοκοῦν-
τες εἶναι τῶν Ἑλλήνων, ῥαθυμότερον τῶν ἄλλων βουλευσόμεθα
περὶ τούτων. Τίνας γὰρ ἴσμεν, ὧν καὶ ποιήσασθαι μνείαν ἄξιόν
ἐστιν, οἵτινες, ἅπαξ ἡττηθέντες, καὶ μιᾶς εἰσβολῆς γενομένης,
οὕτως ἀνάνδρως ὡμολόγησαν πάντα τὰ προσταττόμενα ποιήσειν;
Πῶς δ' ἂν οἱ τοιοῦτοι πολὺν χρόνον δυστυχοῦντες ἀντάρκέσειαν;
Τίς δ' οὐκ ἂν ἐπιτιμήσειεν ἡμῖν, εἰ, Μεσσηνίων ὑπὲρ ταύτης τῆς
χώρας εἴκοσιν ἔτη πολιορκηθέντων, ἡμεῖς οὕτω ταχέως κατὰ
συνθήκας αὐτῆς ἀποσταίημεν, καὶ μηδὲ τῶν προγόνων μνη-
σθεῖημεν, ἀλλ', ἣν ἐκεῖνοι μετὰ πολλῶν πόνων καὶ κινδύνων
ἐκτήσαντο, ταύτην ἡμεῖς ὑπὸ λόγων πεισθέντες ἀποβάλοιμεν;

25. Ὧν οὐδὲν ἔνιοι φροντίσαντες, ἀλλὰ πάσας τὰς αἰσχύνας
ὑπεριδόντες, τοιαῦτα συμβουλεύουσιν ὑμῖν, ἐξ ὧν εἰς ὀνείδη τὴν
πόλιν καταστήσουσιν. Οὕτω δὲ προθύμως ἐπάγουσιν ὑμᾶς πρὸς
τὸ παραδοῦναι Μεσσήνην, ὥστε καὶ διεξελθεῖν ἐτόλμησαν τήν
τε τῆς πόλεως ἀσθένειαν καὶ τὴν τῶν πολεμίων δύναμιν, καὶ

mes, triomphe de la multitude des assiégeants ; Gylippe, qui, venant en aide aux Syracusains, les délivre et fait même prisonnières toutes les forces qui les assiégeaient par terre et par mer. Or, ne serait-il pas honteux à nous, quand un seul de nos concitoyens suffisait alors pour défendre des cités étrangères, de ne pas même essayer aujourd'hui de sauver la nôtre? D'avoir rempli l'Asie et l'Europe de trophées, en combattant pour les autres, et de ne pas risquer une seule grande bataille pour venger l'éclatant outrage fait à notre patrie? De ne pas daigner, quand d'autres villes ont soutenu les siéges les plus terribles pour le maintien de notre domination, nous soumettre nous-mêmes aux moindres sacrifices, pour repousser une injuste violence ; et pendant que nous entretenons à grands frais des attelages de chevaux, d'aller faire la paix, comme si nous étions réduits aux dernières extrémités, et que nous ne pussions plus subvenir à nos besoins de chaque jour ?

24. Mais ce qu'il y aurait de plus misérable dans notre conduite, ce serait de nous montrer, avec la réputation du peuple le plus robuste de la Grèce, plus faibles que tous les autres, en présence de si graves intérêts. Connaissez-vous, en effet, quelque peuple digne d'être cité, qui, au premier échec, à la première attaque, consentît si lâchement à toutes les conditions qu'on voulût bien lui imposer? Comment de tels hommes résisteraient-ils longtemps au malheur? Et qui ne condamnerait pas et notre facilité à souscrire à l'abandon d'un pays, que les Messéniens n'ont quitté qu'après un siége de vingt ans, et aussi cette injure à la mémoire de nos ancêtres, qui n'ont conquis qu'à force de travaux et de combats une terre que nous, nous irions céder, influencés par des discours?

25. C'est à quoi ne songent pas certaines gens qui ne reculent même pas devant aucune infamie, quand ils vous donnent de semblables conseils, dont la république ne peut recueillir que la honte. Ces gens-là mettent tant de chaleur à vous persuader de rendre Messène, qu'ils vont jusqu'à étaler la faiblesse de la république et la force

κελεύουσιν ἀποκρίνασθαι τοὺς ἐναντιουμένους αὐτοῖς, πόθεν
βοήθειαν προσδοκῶντες ἥξειν, διακελευόμεθα πολεμεῖν.

26. Ἐγὼ δὲ μεγίστην ἡγοῦμαι συμμαχίαν εἶναι καὶ βε-
βαιοτάτην τὸ τὰ δίκαια πράττειν (εἰκὸς γὰρ καὶ τὴν τῶν θεῶν
εὔνοιαν γενέσθαι μετὰ τούτων [1], εἴπερ χρὴ περὶ τῶν μελλόντων
τεκμαίρεσθαι τοῖς ἤδη γεγενημένοις), πρὸς δὲ ταύτῃ [2] τὸ καλῶς
πολιτεύεσθαι, καὶ σωφρόνως ζῆν, καὶ μάχεσθαι τοῖς πολεμίοις
ἐθέλειν, καὶ μηδὲν οὕτω δεινὸν νομίζειν, ὡς τὸ κακῶς ἀκούειν [3]
ὑπὸ τῶν πολιτῶν· ἃ μᾶλλον ἡμῖν ἢ τοῖς ἄλλοις ἀνθρώποις
ὑπάρχει. Μεθ᾽ ὧν ἐγὼ πολὺ ἂν ἥδιον πολεμοίην ἢ μετὰ πολλῶν
μυριάδων· οἶδα γὰρ καὶ τοὺς πρώτους ἡμῶν εἰς ταύτην τὴν χώραν ἀφικομένους, οὐ τῷ πλήθει τῶν ἄλλων περιγενομένους, ἀλλὰ
ταῖς ἀρεταῖς ταῖς ὑπ᾽ ἐμοῦ προειρημέναις. Ὥστ᾽ οὐκ ἄξιον διὰ
τοῦτο φοβεῖσθαι τοὺς πολεμίους, ὅτι πολλοὶ τυγχάνουσιν ὄντες,
ἀλλὰ πολὺ μᾶλλον ἐπ᾽ ἐκείνοις [4] θαῤῥεῖν, ὅταν ὁρῶμεν ἡμᾶς μὲν
αὐτοὺς οὕτως ἐνηνοχότας τὰς συμφοράς, ὡς οὐδένες ἄλλοι πώποτε, καὶ τοῖς τε νόμοις καὶ τοῖς ἐπιτηδεύμασιν ἐμμένοντας, οἷς
ἐξ ἀρχῆς κατεστησάμεθα, τοὺς δὲ μηδὲ τὰς εὐτυχίας φέρειν
δυναμένους, ἀλλὰ διατεταραγμένους, καὶ τοὺς μὲν τὰς συμμα-
χίδας πόλεις καταλαμβάνοντας, τοὺς δὲ τἀναντία τούτοις πράττοντας, ἄλλους δὲ περὶ χώρας τοῖς ὁμόροις ἀμφισβητοῦντας,
τοὺς δὲ μᾶλλον ἀλλήλοις φθονοῦντας, ἢ πρὸς ἡμᾶς πολεμοῦντας.
Ὥστε θαυμάζω τῶν μείζω συμμαχίαν ζητούντων, ὧν [5] οἱ πολέμιοι τυγχάνουσιν ἐξαμαρτάνοντες.

27. Εἰ δὲ δεῖ καὶ περὶ τῶν ἔξωθεν βοηθειῶν εἰπεῖν, ἡγοῦμαι πολλοὺς ἔπεσθαι τοὺς βουλομένους ἐπαμύνειν ἡμῖν. Ἐπίσταμαι γὰρ πρῶτον μὲν Ἀθηναίους [6], εἰ καὶ μὴ πάντα [7] μεθ᾽ ἡμῶν
εἰσιν, ἀλλ᾽ ὑπέρ γε τῆς σωτηρίας τῆς ἡμετέρας ὁτιοῦν ἂν ποιή-
σοντας· ἔπειτα τῶν ἄλλων πόλεων ἔστιν ἃς ὁμοίως ἂν ὑπὲρ
τῶν ἡμῖν συμφερόντων ὡς περὶ τῶν ἑαυταῖς βουλευσομένας· ἔτι
δὲ Διονύσιον τὸν τύραννον, καὶ τὸν Αἰγυπτίων βασιλέα [8], καὶ
τοὺς ἄλλους τοὺς κατὰ τὴν Ἀσίαν δυνάστας [9], καθ᾽ ὅσον ἕκαστοι

de l'ennemi, sommant leurs adversaires de répondre d'où nous espérons du secours, pour aller ainsi conseiller la guerre.

26. Quant à moi, je pense que l'appui le plus efficace et le plus ferme, c'est le bon droit (car c'est le parti que doivent naturellement favoriser les dieux, si du moins il est permis de juger de l'avenir par le passé); ensuite c'est un bon gouvernement, une conduite sage, un cœur ferme devant l'ennemi, et cette opinion, que rien n'est plus à craindre que le blâme de ses concitoyens. Ce sont autant de ressources que nous possédons mieux que les autres; et avec ces ressources, je ferais la guerre plus volontiers qu'avec des milliers de soldats; car, je le sais, ceux de nos compatriotes qui sont venus les premiers dans cette contrée, n'ont pas dû leur supériorité sur les autres peuples à l'avantage du nombre, mais bien aux auxiliaires que je viens d'énumérer. Il ne faut donc pas redouter les ennemis, parce qu'ils sont nombreux; mais plutôt avoir de la confiance en voyant comme nous nous sommes élevés au-dessus de tous les autres par notre constance dans les revers et notre fidélité aux lois et aux principes que nous avons adoptés dès le commencement; tandis qu'impuissants à se contenir dans les succès, ils se livrent aux dissensions, se prennent leurs villes entre alliés, se font obstacle les uns aux autres, se contestent, entre voisins, leurs limites, et se consument bien plutôt par une mutuelle envie qu'ils ne nous font la guerre. De sorte que j'admire ceux qui voudraient de meilleures garanties que les fautes de l'ennemi.

27. S'il faut vous parler des alliés que nous aurons au dehors, je pense que nous en trouverons beaucoup qui seront tout disposés à nous venger. Je sais que les Athéniens d'abord, quoiqu'ils ne fassent pas toujours cause commune avec nous, feront tout pour nous sauver. Quant aux autres villes, il s'en trouve qui ne porteront pas moins d'intérêt à notre sort qu'à leurs propres affaires. Il y a encore Denys le Tyran, le roi d'Égypte et les autres souverains d'Asie, qui s'empres-

δύνανται, προθύμως ἂν ἡμῖν ἐπικουρήσοντας· πρὸς δὲ τούτοις, καὶ τῶν Ἑλλήνων τοὺς ταῖς οὐσίαις προέχοντας, καὶ ταῖς δόξαις πρωτεύοντας, καὶ βελτίστων πραγμάτων ἐπιθυμοῦντας, εἰ καὶ μήπω συνεστήκασιν [1], ἀλλὰ ταῖς γ' εὐνοίαις μεθ' ἡμῶν ὄντας, ἐν οἷς περὶ τῶν μελλόντων εἰκότως ἂν μεγάλας ἐλπίδας ἔχοιμεν.

28. Οἶμαι δὲ καὶ τὸν ἄλλον ὄχλον τὸν ἐν Πελοποννήσῳ καὶ τὸν δῆμον [2], ὃν οἰόμεθα μάλιστα πολεμεῖν ἡμῖν, ποθεῖν ἤδη τὴν ἡμετέραν ἐπιμέλειαν. Οὐδὲν γὰρ αὐτοῖς ἀποστᾶσι γέγονεν ὧν προσεδόκησαν, ἀλλ' ἀντὶ μὲν τῆς ἐλευθερίας τοὐναντίον ἀποβέβηκεν (ἀπολέσαντες [3] γὰρ αὐτῶν τοὺς βελτίστους, ἐπὶ τοῖς χειρίστοις τῶν πολιτῶν γεγόνασιν), ἀντὶ δὲ τῆς αὐτονομίας εἰς πολλὰς καὶ δεινὰς ἀνομίας ἐμπεπτώκασιν. Εἰθισμένοι δὲ τὸν ἄλλον χρόνον μεθ' ἡμῶν ἐφ' ἑτέρους ἰέναι, νῦν τοὺς ἄλλους ὁρῶσιν ἐφ' αὑτοὺς στρατευομένους, καὶ τὰς στάσεις, ἃς ἐπυνθάνοντο πρότερον παρ' ἑτέροις οὔσας, νῦν παρ' αὐτοῖς ὀλίγου δεῖν καθ' ἑκάστην τὴν ἡμέραν γιγνομένας. Οὕτω δ' ὡμαλισμένοι ταῖς συμφοραῖς εἰσιν, ὥστε μηδένα διαγνῶναι δύνασθαι τοὺς κάκιστα πράττοντας αὐτῶν· οὐδεμία γάρ ἐστι τῶν πόλεων ἀκέραιος, οὐδ' ἥ τις οὐχ ὁμόρους ἔχει τοὺς κακῶς ποιήσοντας, ὥστε τετιμῆσθαι μὲν τὰς χώρας, πεπορθῆσθαι δὲ τὰς πόλεις, ἀναστάτους δὲ γεγενῆσθαι τοὺς οἴκους τοὺς ἰδίους, ἀνεστράφθαι δὲ τὰς πολιτείας, καὶ καταλελύσθαι τοὺς νόμους, μεθ' ὧν οἰκοῦντες [4] εὐδαιμονέστατοι τῶν Ἑλλήνων ἦσαν. Οὕτω δ' ἀπίστως τὰ πρὸς σφᾶς αὐτοὺς καὶ δυσμενῶς ἔχουσιν, ὥστε μᾶλλον τοὺς πολίτας ἢ τοὺς πολεμίους δεδίασιν· ἀντὶ δὲ τῆς ἐφ' ἡμῶν ὁμονοίας καὶ τῆς παρ' ἀλλήλων εὐπορίας εἰς τοσαύτην ἀμιξίαν ἐληλύθασιν, ὥσθ' οἱ μὲν κεκτημένοι τὰς οὐσίας ἥδιον ἂν εἰς τὴν θάλατταν τὰ σφέτερ' αὐτῶν ἐκβάλοιεν ἢ τοῖς δεομένοις ἐπαρκέσειαν, οἱ δὲ καταδεέστερον πράττοντες οὐδ' ἂν εὑρεῖν δέξαιντο μᾶλλον ἢ τὰ τῶν ἐχόντων ἀφελέσθαι· καταλύσαντες δὲ τὰς θυσίας ἐπὶ τῶν βωμῶν, σφάττουσιν ἀλλήλους [5]· πλείους δὲ φεύγουσι [6] νῦν ἐκ μιᾶς πόλεως ἢ πρότερον ἐξ ἁπάσης τῆς Πελοποννήσου. Καὶ τοσούτων ἀπηριθμημένων κακῶν, πολὺ πλείω τὰ παραλελειμ-

seront de nous venir en aide, chacun selon ses forces. Enfin les plus
riches et les plus distingués des citoyens de la Grèce, tous ceux qui
aiment les grandes choses, s'ils ne se sont pas encore joints à nous,
sont pour nous, au moins d'intention, et nous avons le droit d'en
concevoir de grandes espérances pour l'avenir.

28. Et même toute cette population du Péloponèse, ces peuples
qu'on croit le plus hostiles à nos intérêts, je suis sûr qu'ils regrettent
déjà notre influence. Car depuis qu'ils se sont séparés de nous, ils
n'ont obtenu aucun des avantages qu'ils espéraient; loin de là, au
lieu de la liberté, ils ont le contraire. Car en s'élevant par la votre
ruine des meilleurs citoyens, ils se sont mis sous le despotisme des
méchants; et, au lieu d'obtenir l'indépendance, ils sont tombés dans
une affreuse et continuelle anarchie. Habitués jusqu'alors à marcher
avec nous contre les autres, maintenant ils voient les autres s'avancer
contre eux-mêmes. Eux, qui ne connaissaient les factions auparavant
que par l'exemple des autres, ils les voient naître maintenant chez
eux presque tous les jours. Enfin, telle est la conformité de leurs
misères, qu'ils ne sauraient distinguer quel est le plus maltraité
d'entre eux. Il n'est pas une de leurs villes qui ne soit agitée; pas
une qui n'ait à craindre de ses voisins. Si bien que chez eux les
campagnes sont dévastées, les villes saccagées, les maisons particu-
lières ruinées, les gouvernements renversés, et qu'ils ont vu périr les
lois, par lesquelles ils étaient devenus les plus heureux habitants de la
Grèce. Telle est leur défiance, leur haine réciproque, qu'ils craignent
plus leurs concitoyens que leurs ennemis; et, au lieu de cette bonne
harmonie, de cette heureuse abondance qu'entretenait parmi eux
notre administration, ils se détestent au point que les riches aime-
raient mieux jeter leurs biens à la mer que de subvenir aux besoins
des indigents, et que les pauvres préféreraient au hasard d'une trou-
vaille le plaisir de dépouiller les autres. Ils ont aboli les sacrifices, et
s'immolent entre eux sur les autels. Enfin il y a maintenant plus de
citoyens bannis d'une seule ville, qu'auparavant de tout le Péloponèse. Mais dans ce dénombrement, si étendu déjà, j'oublie plus de
calamités encore que je n'en rappelle. Il n'est pas de revers, de

μένα τῶν εἰρημένων ἐστίν · οὐδὲν γὰρ ὅ τι τῶν δεινῶν ἢ χαλε-
πῶν οὐκ ἐνταῦθα συνδεδράμηκεν. Ὦν οἱ μὲν ἤδη μεστοὶ τυγχάνουσιν ὄντες, οἱ δὲ διὰ ταχέων ἐμπλησθήσονται, καὶ ζητήσουσί
τινα τῶν παρόντων πραγμάτων εὑρεῖν ἀπαλλαγήν. Μὴ γὰρ
οἴεσθ᾽ αὐτοὺς μενεῖν ἐπὶ τούτοις · οἵτινες γὰρ εὖ πράττοντες
ἀπεῖπον, πῶς ἂν οὗτοι κακοπαθοῦντες πολὺν χρόνον κρατερή-
σειαν; ὥστ᾽, οὐ μόνον ἢν μαχόμενοι νικήσωμεν, ἀλλ᾽ ἐὰν ἡσυχίαν ἔχοντες περιμείνωμεν, ὄψεσθ᾽ αὐτοὺς μεταβαλλομένους καὶ
τὴν ἡμετέραν συμμαχίαν σωτηρίαν αὐτῶν εἶναι νομίζοντας. Τὰς
μὲν οὖν ἐλπίδας ἔχω τοιαύτας.

29. Τοσοῦτον δ᾽ ἀπέχω τοῦ ποιῆσαί τι τῶν προσταττομένων, ὥστ᾽, εἰ μηδὲν γίγνοιτο τούτων, μηδὲ βοηθείας μηδαμόθεν
τυγχάνοιμεν, ἀλλὰ τῶν Ἑλλήνων οἱ μὲν ἀδικοῖεν ἡμᾶς, οἱ δὲ
περιορῷεν, οὐδ᾽ ἂν οὕτω μεταγνοίην, ἀλλὰ πάντας ἂν τοὺς ἐκ
τοῦ πολέμου κινδύνους ὑπομείναιμι πρὶν ποιήσασθαι τὰς ὁμολογίας ταύτας. Αἰσχυνθείην γὰρ ἂν ὑπὲρ ἀμφοτέρων, εἴτε κα-
ταγνοίημεν τῶν προγόνων ὡς ἀδίκως Μεσσηνίους ἀφείλοντο τὴν
χώραν, εἴτ᾽, ἐκείνων ὀρθῶς κτησαμένων καὶ προσηκόντως,
ἡμεῖς παρὰ τὸ δίκαιον συγχωρήσαιμέν τι περὶ αὐτῆς. Τούτων
μὲν οὖν οὐδέτερον ποιητέον, σκεπτέον δ᾽ ὅπως ἀξίως ἡμῶν
αὐτῶν πολεμήσομεν, καὶ μὴ τοὺς εἰθισμένους ἐγκωμιάζειν τὴν
πόλιν, ἐλέγξομεν ψευδεῖς ὄντας, ἀλλὰ τοιούτους ἡμᾶς αὐτοὺς
παρασχήσομεν, ὥστε δοκεῖν ἐκείνους ἐλάττω τῶν ὑπαρχόντων
εἰρηκέναι περὶ ἡμῶν.

30. Οἶμαι μὲν οὖν οὐδὲν συμβήσεσθαι δεινότερον τῶν νῦν
παρόντων, ἀλλὰ τοὺς ἐχθροὺς τοιαῦτα βουλεύσεσθαι καὶ πράξειν,
ἐξ ὧν ἐπανορθώσουσιν ἡμᾶς · ἂν δ᾽ ἄρα ψευσθῶμεν τῶν ἐλπίδων, καὶ πανταχόθεν ἐξειργώμεθα, καὶ μηδὲ τὴν πόλιν ἔτι δυ-
νώμεθα διαφυλάττειν, χαλεπὰ μέν ἐστιν ἃ μέλλω λέγειν, ὅμως
δ᾽ οὐκ ὀκνήσω παρρησιάσασθαι περὶ αὐτῶν. Καὶ γὰρ ἐξαγγελ-
θῆναι τοῖς Ἕλλησι καλλίω ταῦτ᾽ ἐστὶ, καὶ μᾶλλον ἁρμόττοντα
τοῖς ἡμετέροις φρονήμασιν, ὧν [1] ἔνιοί τινες [2] ἡμῖν συμβουλεύουσιν.

fléau, qui n'ait fondu sur eux. Les uns en sont las déjà ; les autres le seront bientôt, et chercheront le moyen de sortir de leur situation actuelle. Car n'allez pas croire qu'ils puissent y tenir. Eux, qui n'ont pas su se maintenir quand leurs affaires étaient florissantes, comment pourraient-ils résister longtemps au malheur? Ainsi, quand même nous ne les soumettrions pas par les armes, en les attendant en paix, vous les verrez changer de politique et recourir à notre alliance comme à leur unique moyen de salut. Voilà ce que j'espère.

29. Au reste, je suis si éloigné de souscrire aux conditions qu'on nous impose, que, dussions-nous voir échouer ces espérances et en trouver de secours nulle part, fussions-nous opprimés par les uns, abandonnés par les autres, je ne changerais pas de sentiment, et je braverais toutes les chances de la guerre plutôt que de souscrire à de pareilles conditions. Car j'aurais également honte et de reprocher comme une injustice à nos ancêtres l'occupation du territoire de Messène, et, si cette possession est juste et légitime, de céder malgré notre bon droit. Il ne faut faire ni l'un ni l'autre, mais tâcher de combattre d'une manière digne de nous, et, loin de démentir ceux qui ont coutume de nous louer, nous mettre, par nos vertus, au-dessus de leurs éloges.

30. Je ne crois pas que notre situation puisse devenir plus fâcheuse qu'à présent, et je compte sur la politique que vont suivre les ennemis pour nous relever. Dans le cas où notre espoir serait déçu, et qu'attaqués de toutes parts, nous ne fussions plus en état de protéger Lacédémone, le conseil que je vais vous donner est rigoureux, mais je n'hésiterai pas à vous parler franchement : c'est un langage qui vous fera plus d'honneur aux yeux des Grecs, et qui est plus conforme à nos principes, que certains autres qu'on vous tient.

31. Φημὶ γὰρ χρῆναι τοὺς μὲν γονέας τοὺς ἡμετέρους αὐτῶν καὶ τοὺς παῖδας καὶ τὰς γυναῖκας καὶ τὸν ὄχλον τὸν ἄλλον ἐκ τῆς πόλεως ἐκπέμψαι[1], τοὺς μὲν ἐς Σικελίαν καὶ Ἰταλίαν[2], τοὺς δ' εἰς Κυρήνην[3], τοὺς δ' εἰς τὴν ἤπειρον[4] (ἄσμενοι δ' αὐτοὺς ἅπαντες οὗτοι δέξονται καὶ χώρᾳ πολλῇ καὶ ταῖς ἄλλαις ταῖς περὶ τὸν βίον εὐπορίαις, οἱ μὲν χάριν ἀποδιδόντες ὧν[5] εὖ πεπόνθασιν, οἱ δὲ κομιεῖσθαι προσδοκῶντες ὧν ἂν προϋπάρξωσιν[6]) · ὑπολειφθέντας δὲ τοὺς[7] βουλομένους καὶ δυναμένους κινδυνεύειν, τῆς μὲν πόλεως ἀφεῖσθαι καὶ τῶν ἄλλων κτημάτων, πλὴν ὅσα ἂν οἷοί τ' ὦμεν ἀπενέγκασθαι μεθ' ἡμῶν αὐτῶν, καταλαβόντας δὲ χωρίον, ὅ τι ἂν ἐχυρώτατον ᾖ καὶ πρὸς τὸν πόλεμον συμφορώτατον, ἄγειν καὶ φέρειν τοὺς πολεμίους καὶ κατὰ γῆν καὶ κατὰ θάλατταν, ἕως ἂν παύσωνται τῶν ἡμετέρων ἀμφισβητοῦντες. Καὶ ταῦτ' ἐὰν τολμήσωμεν καὶ μὴ κατοκνήσωμεν, ὄψεσθε τοὺς νῦν ἐπιτάττοντας ἱκετεύοντας καὶ δεομένους ἡμῶν Μεσσήνην ἀπολαβεῖν καὶ ποιήσασθαι τὴν εἰρήνην.

32. Ποία γὰρ ἂν τῶν πόλεων τῶν ἐν Πελοποννήσῳ τοιοῦτον πόλεμον ὑπομείνειεν, οἷον εἰκὸς γενέσθαι βουληθέντων ἡμῶν ; Τίνες δ' οὐκ ἂν ἐκπλαγεῖεν καὶ δείσαιεν στρατόπεδον συνιστάμενον, τοιαῦτα μὲν διαπεπραγμένον, δικαίως δὲ τοῖς αἰτίοις τούτων ὠργισμένον, ἀπονενοημένως δὲ πρὸς τὸ ζῆν διακείμενον, καὶ τῷ μὲν σχολὴν ἄγειν καὶ μηδὲ περὶ ἓν ἄλλο διατρίβειν ἢ περὶ τὸν πόλεμον τοῖς ξενικοῖς στρατεύμασιν ὡμοιωμένον, ταῖς δ' ἀρεταῖς καὶ τοῖς ἐπιτηδεύμασι τοιοῦτον, οἷον ἐξ ἁπάντων ἀνθρώπων οὐδεὶς ἂν συντάξειεν, ἔτι δὲ μηδεμιᾷ πολιτείᾳ τεταγμένῃ χρώμενον, ἀλλὰ θυραυλεῖν[8] καὶ πλανᾶσθαι κατὰ τὴν χώραν δυνάμενον, καὶ ῥᾳδίως μὲν ὅμορον, οἷς ἂν βούληται, γιγνόμενον, τοὺς δὲ τόπους ἅπαντας τοὺς πρὸς τὸν πόλεμον συμφέροντας πατρίδας εἶναι νομίζον ; Ἐγὼ μὲν γὰρ οἶμαι, τῶν λόγων μόνον ῥηθέντων τούτων καὶ διασπαρέντων εἰς τοὺς Ἕλληνας, εἰς πολλὴν ταραχὴν καταστήσεσθαι τοὺς ἐχθροὺς ἡμῶν, ἔτι δὲ μᾶλλον, ἢν καὶ τέλος ἐπιθεῖναι τούτοις ἀναγκασθῶμεν. Τίνα γὰρ οἰηθῶμεν αὐτοὺς γνώμην ἕξειν, ὅταν αὐτοὶ μὲν κα-

31. Il faut faire sortir de la ville nos parents, nos enfants, nos femmes, toute la foule inutile, et les envoyer en Sicile, en Italie, à Cyrène, sur le continent. Ils seront reçus partout avec plaisir, et l'on s'empressera de leur procurer des terres et toutes les commodités de la vie; les uns pour reconnaître nos bienfaits, les autres pour les mériter un jour. Et nous autres, qui voulons et pouvons affronter les dangers, laissons la ville et tous nos biens, ne prenant que ce que nous pouvons emporter avec nous; et puis emparons-nous d'un poste bien fortifié et bien propre à la guerre, d'où nous puissions agir et nous défendre contre l'ennemi sur terre et sur mer, jusqu'à ce qu'il cesse de nous contester ce qui est à nous. Osons prendre ce parti sans hésiter, et bientôt vous verrez ceux qui ordonnent aujourd'hui, nous prier et nous supplier de reprendre Messène et de faire la paix.

32. Quelle est, en effet, dans le Péloponèse, la ville capable de soutenir une guerre comme celle que nous pouvons faire, si nous le voulons? Comment pourrait-on braver sans crainte et sans peur une armée capable d'une si grande résolution, justement animée contre les auteurs de ses maux, et qui aurait fait le sacrifice de sa vie? Une armée aussi active, aussi spécialement aguerrie que les troupes de mercenaires, et telle, par son courage et l'esprit qui l'anime, qu'on n'en saurait lever de pareille par toute la terre? Une armée, qui, secouant le joug de la tactique ordinaire, prête à camper en plein air et libre de tous ses mouvements, pourrait aisément prendre pour voisins ceux qu'il lui plairait, et verrait la patrie dans tous les lieux propres à la guerre? Pour moi, je suis sûr qu'au seul bruit d'un tel projet, qui se répandra parmi les Grecs, nos ennemis vont s'alarmer : à plus forte raison, si nous sommes un jour dans la nécessité d'y donner suite. Où pensez-vous qu'ils en seront, quand ils se verront

κῶς πάσχωσιν, ἡμᾶς δὲ μηδὲν δύνωνται ποιεῖν; καὶ τὰς μὲν
αὐτῶν πόλεις ἴδωσιν εἰς πολιορχίαν καθεστηκυίας, τὴν δ’ ἡμετέραν οὕτω διεσκευασμένην, ὥστε μηκέτι τῇ συμφορᾷ ταύτῃ
περιπεσεῖν; ἔτι δὲ τὴν τῶν σωμάτων τροφὴν ἡμῖν μὲν ῥᾳδίαν
οὖσαν ἔκ τε τῶν ὑπαρχόντων καὶ τῶν ἐκ τοῦ πολέμου γιγνομένων, αὐτοῖς δὲ χαλεπὴν διὰ τὸ μὴ ταὐτὸν εἶναι στρατόπεδόν τε
τοιοῦτον διοικεῖν καὶ τοὺς ὄχλους τοὺς ἐν ταῖς πόλεσι διατρέ-
φειν; Ὁ δὲ πάντων ἄλγιστον ἐκείνοις, ὅταν τοὺς μὲν ἡμετέρους
οἰκείους ἐν πολλαῖς εὐπορίαις πυνθάνωνται γεγενημένους, τοὺς
δ’ αὐτῶν ὁρῶσι καθ’ ἑκάστην τὴν ἡμέραν τῶν ἀναγκαίων ἐνδεεῖς
ὄντας, καὶ μηδ’ ἐπικουρῆσαι δύνωνται τοῖς κακοῖς τούτοις, ἀλλ’,
ἐργαζόμενοι μὲν τὴν χώραν, τὰ σπέρματα προσαπολλύωσιν,
ἀργὸν δὲ περιορῶντες, μηδένα χρόνον ἀνταρκεῖν οἷοί τ’ ὦσιν.

33. Ἀλλὰ γὰρ ἴσως ἀθροισθέντες καὶ κοινὸν ποιησάμενοι
στρατόπεδον, παρακολουθήσουσι, καὶ κωλύσουσιν ἡμᾶς κακῶς
ποιεῖν αὐτούς. Καὶ τί ἂν εὐξαίμεθα μᾶλλον ἢ λαβεῖν πλησιά-
ζοντας καὶ παρατεταγμένους καὶ περὶ τὰς αὐτὰς δυσχωρίας
ἡμῖν ἀντιστρατοπεδεύοντας ἀνθρώπους ἀτάκτους καὶ μιγάδας
καὶ πολλοῖς ἄρχουσι χρωμένους; Οὐδὲν γὰρ ἂν πολλῆς πραγμα-
τείας δεήσειεν, ἀλλὰ ταχέως ἂν αὐτοὺς ἐξαναγκάσαιμεν ἐν
τοῖς ἡμετέροις [1] καιροῖς, ἀλλὰ μὴ τοῖς αὐτῶν, ποιήσασθαι τοὺς
κινδύνους.

34. Ἐπιλίποι [2] δὲ ἂν τὸ λοιπὸν μέρος τῆς ἡμέρας, εἰ τὰς
πλεονεξίας τὰς ἐσομένας λέγειν ἐπιχειρήσαιμεν. Ἐκεῖνο δ’ οὖν
πᾶσι φανερὸν, ὅτι τῶν Ἑλλήνων διενηνόχαμεν οὐ τῷ μεγέθει
τῆς πόλεως οὐδὲ τῷ πλήθει τῶν ἀνθρώπων, ἀλλ’ ὅτι τὴν πολιτείαν ὁμοίαν κατεστησάμεθα στρατοπέδῳ καλῶς διοικουμένῳ
καὶ πειθαρχεῖν ἐθέλοντι τοῖς ἄρχουσιν. Ἢν οὖν εἰλικρινὲς τοῦτο
ποιήσωμεν, ὃ μιμησαμένοις ἡμῖν συνήνεγκεν, οὐκ ἄδηλον ὅτι
ῥᾳδίως τῶν πολεμίων ἐπικρατήσομεν.

35. Ἴσμεν δὲ καὶ τοὺς οἰκιστὰς ταυτησὶ τῆς πόλεως γενο-
μένους, ὅτι μικρὸν μὲν στρατόπεδον εἰς τὴν Πελοπόννησον εἰσ-
ῆλθον ἔχοντες, πολλῶν δὲ καὶ μεγάλων πόλεων ἐκράτησαν.

maltraiter sans pouvoir nous le rendre? quand ils verront leurs villes assiégées, tandis que la nôtre sera désormais à l'abri du même sort? Notre subsistance, rendue si facile et par nos propres ressources et par celles que nous crée la guerre; tandis qu'au lieu d'une armée comme la nôtre, ils auront tant de peine à nourrir les populations des villes? Mais le coup le plus douloureux pour eux, ce sera d'apprendre que nos soldats vivent dans l'abondance, quand ils verront les leurs manquer des choses nécessaires à leurs besoins de chaque jour, sans pouvoir les assister dans leurs souffrances, réduits qu'ils seront eux-mêmes à perdre leurs semences, s'ils cultivent leur sol; à ne pouvoir se suffire, s'ils le négligent.

33. Mais peut-être vont-ils se coaliser et réunir leurs forces, pour nous poursuivre et nous empêcher de leur faire aucun mal. Et qu'avons-nous plus à souhaiter que de combattre de près et en bataille, armée contre armée, dans quelque position difficile, des hommes qui marchent sans ordre et sans ensemble sous différents chefs? Nous n'aurions pas beaucoup de mal, et nous réussirions bientôt à leur imposer l'heure et le lieu qui nous conviendraient pour livrer bataille.

34. Je ne finirais pas aujourd'hui, si j'entreprenais de vous énumérer tous les avantages qui doivent en résulter. C'est un fait avéré pour tout le monde, que notre ville ne l'emporte sur les autres états de la Grèce ni par son étendue ni par le nombre de ses citoyens, mais parce qu'elle est soumise à la discipline d'un camp bien organisé, où règne l'obéissance envers les chefs. Si donc nous réalisons ce dont l'apparence nous a servis, nous vaincrons sans doute aisément nos ennemis.

35. Nous savons que les premiers habitants de Lacédémone, entrés avec une petite armée dans le Péloponèse, vainquirent nombre de

Καλὸν οὖν μιμήσασθαι τοὺς προγόνους, καὶ πάλιν ἐπὶ τὴν ἀρχὴν ἐπανελθόντας, ἐπειδὴ προσεπταίκαμεν, πειραθῆναι τὰς
τιμὰς καὶ τὰς δυναστείας ἀναλαβεῖν, ἃς πρότερον ἐτυγχάνομεν
ἔχοντες. Πάντων δ᾽ ἂν δεινότατον ποιήσαιμεν, εἰ συνειδότες
Ἀθηναίοις ἐκλιποῦσι[1] τὴν αὑτῶν χώραν ὑπὲρ τῆς τῶν Ἑλλήνων
ἐλευθερίας, ἡμεῖς μηδ᾽ ὑπὲρ τῆς ἡμετέρας αὐτῶν σωτηρίας
ἀφέσθαι τῆς πόλεως τολμήσαιμεν, ἀλλὰ, δέον ἡμᾶς παράδειγμα
τῶν τοιούτων ἔργων τοῖς ἄλλοις παρέχειν, μηδὲ μιμήσασθαι τὰς
ἐκείνων πράξεις ἐθελήσαιμεν. Ἔτι δὲ τούτου καταγελαστότερον,
εἰ Φωκαεῖς[2] μέν, φεύγοντες τὴν βασιλέως τοῦ μεγάλου δεσπο-
τείαν, ἐκλιπόντες τὴν Ἀσίαν, εἰς Μασσαλίαν ἀπῴκησαν, ἡμεῖς
δ᾽ εἰς τοσοῦτον μικροψυχίας ἔλθοιμεν, ὥστε τὰ προστάγματα
τούτων ὑπομεῖναι, ὧν ἄρχοντες ἅπαντα τὸν χρόνον διετελέ-
σαμεν.

36. Χρὴ δὲ μὴ περὶ τὴν ἡμέραν ταύτην ταῖς ψυχαῖς διατρίβειν, ἐν ᾗ δεήσει χωρίζειν τοὺς οἰκειοτάτους ἀφ᾽ ἡμῶν αὐτῶν,
ἀλλ᾽ ἐπ᾽ ἐκείνους τοὺς χρόνους ἀφορᾶν, ἐν οἷς, περιγενόμενοι
τῶν ἐχθρῶν, ἀνορθώσομεν τὴν πόλιν, κομιούμεθα δὲ τοὺς ἡμετέρους αὐτῶν, ἐπιδειξόμεθα δὲ πᾶσιν, ὅτι νῦν μὲν ἀδίκως δε-
δυστυχήκαμεν, τὸν δὲ παρελθόντα χρόνον δικαίως τῶν ἄλλων
πλέον ἔχειν ἠξιοῦμεν. Ἔχει δ᾽ οὕτως. Ἐγὼ τούτους εἴρηκα τοὺς
λόγους, οὐχ ὡς δέον ἡμᾶς ἤδη ταῦτα πράττειν, οὐδ᾽ ὡς οὐδεμιᾶς ἄλλης ἐνούσης ἐν τοῖς πράγμασι σωτηρίας, ἀλλὰ βουλόμενος ὑμῶν προτρέψασθαι τὰς γνώμας, ὡς καὶ ταύτας τὰς
συμφορὰς καὶ πολὺ δεινοτέρας τούτων ὑπομενετέον ἡμῖν, πρὶν
ὑπὲρ Μεσσήνης ποιήσασθαι συνθήκας οἵας κελεύουσιν ἡμᾶς.

37. Οὐχ οὕτω δ᾽ ἂν προθύμως ἐπὶ τὸν πόλεμον ὑμᾶς παρε-
κάλουν, εἰ μὴ τὴν εἰρήνην ἑώρων, ἐξ ὧν μὲν ἐγὼ λέγω, καλὴν
καὶ βεβαίαν γενησομένην, ἐξ ὧν δ᾽ ἔνιοί τινες συμβουλεύουσιν,
οὐ μόνον αἰσχρὰν ἐσομένην, ἀλλ᾽ οὐδὲ χρόνον οὐδένα παραμε-
νοῦσαν. Ἢν γὰρ παρακατοικισώμεθα τοὺς Εἵλωτας, καὶ τὴν
πόλιν ταύτην περιίδωμεν αὐξηθεῖσαν, τίς οὐκ οἶδεν ὅτι πάντα
τὸν βίον ἐν ταραχαῖς καὶ κινδύνοις διατελοῦμεν[3] ὄντες; ὥσθ᾽ οἱ

grandes cités. Il est beau d'imiter nos ancêtres ; et, reprenant l'empire, après notre abaissement, il faut tâcher de recouvrer notre pre
mier rang et notre première puissance. Nous commettrions la plus
indigne lâcheté, si, après avoir vu les Athéniens abandonner leur
pays pour sauver la liberté des Grecs, nous n'osions pas quitter notre
ville pour nous défendre nous-mêmes, et qu'au lieu de donner aux
autres de si glorieux exemples, nous fussions incapables de suivre
celui d'Athènes. Mais ce qui serait plus honteux encore, c'est qu'a-
près avoir vu les Phocéens, fuyant le despotisme du grand roi, quitter
l'Asie et fonder Marseille, vous fussiez assez vils pour vous soumettre
aux ordres de ceux à qui vous en avez toujours donné.

36. Il ne faut pas nous préoccuper aujourd'hui du moment où il
faudra nous séparer des objets les plus chers, mais porter nos regards
vers ces temps, où, vainqueurs de nos ennemis, nous relèverons
notre ville, rappellerons nos proches et montrerons au monde, que
nous n'avions pas mérité les malheurs qui nous accablent à présent,
et que nous étions vraiment dignes de la prééminence qui, par le
passé, fut toujours notre partage. Et c'est la vérité. Quand je vous
propose ce parti, je ne prétends pas qu'on doive le suivre sur-le-
champ, ni que ce soit notre unique chance de salut; mais je veux
vous engager à braver ces extrémités et de plus terribles encore,
plutôt que d'abandonner Messène et de consentir aux conditions qu'on
nous impose.

37. D'ailleurs je ne vous inviterais pas si instamment à la guerre,
si je ne voyais qu'à ce prix seulement vous pouvez obtenir une paix
honorable et solide; tandis qu'en suivant certains autres conseils,
vous n'aurez qu'une paix honteuse et précaire. Car, en laissant les
Hilotes s'établir et s'agrandir dans notre voisinage, qui ne voit pas
que nous consentons à toujours vivre dans le trouble et dans les

περὶ ἀσφαλείας διαλεγόμενοι λελήθασιν αὑτούς, τὴν μὲν εἰρήνην ὀλίγας ἡμέρας ἡμῖν ποιοῦντες, τὸν δὲ πόλεμον εἰς ἅπαντα
τὸν χρόνον κατασκευάζοντες.

38. Ἡδέως δ' ἂν αὐτῶν πυθοίμην, ὑπὲρ τίνων οἴονται χρῆναι μαχομένους ἡμᾶς ἀποθνήσκειν· οὐχ ὅταν οἱ πολέμιοι προσ-
τάττωσί τι παρὰ τὸ δίκαιον καὶ τῆς χώρας ἀποτέμνωνται, καὶ
τοὺς οἰκέτας ἐλευθερῶσι, καὶ τούτους μὲν κατοικίζωσιν εἰς ταύτην, ἣν ἡμῖν οἱ πατέρες κατέλιπον, ἡμᾶς δὲ μὴ μόνον τῶν
ὄντων ἀποστερῶσιν, ἀλλὰ καὶ πρὸς τοῖς ἄλλοις κακοῖς εἰς ὀνείδη
καθιστῶσιν; Ἐγὼ μὲν γὰρ ὑπὲρ τούτων οὐ μόνον πόλεμον,
ἀλλὰ καὶ φυγὰς καὶ θανάτους οἴομαι προσήκειν ἡμῖν ὑπομένειν.
Πολὺ γὰρ κρεῖττον ἐν ταῖς δόξαις, αἷς ἔχομεν, τελευτῆσαι τὸν
βίον μᾶλλον ἢ ζῆν ἐν ταῖς ἀτιμίαις, ἃς ληψόμεθα ποιήσαντες
ἃ προστάττουσιν ἡμῖν. Ὅμως δ', εἰ δεῖ μηδὲν ὑποστειλάμενον
εἰπεῖν, αἱρετώτερον ἡμῖν ἐστιν ἀναστάτοις γενέσθαι μᾶλλον ἢ
καταγελάστοις ὑπὸ τῶν ἐχθρῶν. Τοὺς γὰρ ἐν ἀξιώμασι καὶ φρο-
νήμασι τηλικούτοις βεβιωκότας δυοῖν δεῖ θάτερον, ἢ πρω-
τεύειν ἐν τοῖς Ἕλλησιν, ἢ παντάπασιν ἀνῃρῆσθαι, μηδὲν τα-
πεινὸν διαπραξαμένους, ἀλλὰ καλὴν τὴν τελευτὴν τοῦ βίου
ποιησαμένους.

39. Ἃ χρὴ διαλογισαμένους μὴ φιλοψυχεῖν, μηδ' ἐπακολουθεῖν ταῖς τῶν συμμάχων γνώμαις, ὧν ἡγεῖσθαι πρότερον
ἠξιοῦμεν, ἀλλ' αὐτοὺς σκεψαμένους ἑλέσθαι μὴ τὸ τούτοις ῥᾷστον,
ἀλλ' ὃ πρέπον ἔσται τῇ Λακεδαίμονι καὶ τοῖς πεπραγμένοις
ἡμῖν. Περὶ γὰρ τῶν αὐτῶν οὐχ ὁμοίως ἅπασι βουλευτέον, ἀλλ'
ὡς ἂν ἐξ ἀρχῆς ἕκαστοι τοῦ βίου ποιήσωνται τὴν ὑπόθεσιν. Ἐπιδαυρίοις [1] μὲν γὰρ καὶ Κορινθίοις καὶ Φλιασίοις [2] οὐδεὶς ἂν
ἐπιπλήξειεν, εἰ μηδενὸς ἄλλου φροντίζοιεν ἢ τοῦ διαγενέσθαι
καὶ περιποιῆσα. σφᾶς αὐτούς· Λακεδαιμονίους δ' οὐχ οἷόν τ'
ἐστὶν ἐκ παντὸς τρόπου ζητεῖν τὴν σωτηρίαν, ἀλλ', ἂν μὴ προσῇ
τὸ καλῶς [3] τῷ σώζεσθαι, τὸν θάνατον ἡμῖν μετ' εὐδοξίας αἱρε-
τέον ἐστί. Τοῖς γὰρ ἀρετῆς ἀμφισβητοῦσιν ὑπὲρ οὐδενὸς οὕτω
σπουδαστέον, ὡς ὑπὲρ τοῦ μηδὲν αἰσχρὸν φανῆναι πράττοντας.

alarmes? Ainsi donc ceux qui nous parlent de tranquillité, ne voient pas qu'en nous donnant une paix de quelques jours, ils nous préparent une guerre sans fin.

38. Je voudrais bien leur demander quand ils croient que nous devons combattre et mourir. N'est-ce pas quand l'ennemi nous dicte d'injustes lois, morcelle notre territoire, affranchit nos esclaves, les installe dans une contrée que nous ont léguée nos pères, et, non content de nous ravir ce qui nous appartient, veut en outre nous imposer la honte? Pour moi, je pense qu'en pareil cas nous devons braver non pas seulement la guerre, mais encore l'exil et la mort. Car bien mieux vaut mourir, quand notre gloire subsiste encore, que de vivre au milieu de l'infamie où nous plongerait notre soumission. Et s'il faut le dire sans rien ménager, mieux vaut pour nous être anéantis que de devenir le jouet de nos ennemis. Car pour un peuple dont les sentiments et les principes furent toujours si élevés, il n'y a qu'un parti à prendre : il doit être le premier parmi les Grecs, ou périr d'une mort glorieuse, plutôt que de s'humilier.

39. Voilà dans quelles pensées il faut se garder de tenir à la vie et de se rendre au sentiment des alliés, qu'autrefois nous prétendions régir. Jugeons par nous-mêmes, et arrêtons-nous, non pas au parti qui sera pour eux le plus commode, mais à celui qui sera digne de Lacédémone et de notre passé. Tout le monde n'est pas tenu de prendre la même résolution dans les mêmes circonstances, mais chacun doit suivre le plan de conduite qu'il s'est tracé dès le principe. Ainsi personne ne s'étonne en voyant les peuples d'Épidaure, de Phliasie et de Corinthe ne songer qu'à sauver et à prolonger leurs jours; mais il est impossible que les Lacédémoniens cherchent leur salut par toute espèce de moyens; et, si l'honneur s'y oppose, la mort pour nous est préférable. Ceux qui font profession de quelque vertu doivent pardessus tout se garder de jamais commettre une action

Εἰσὶ δ' αἱ τῶν πόλεων κακίαι καταφανεῖς οὐχ ἧττον ἐν τοῖς τοιούτοις βουλεύμασιν ἢ τοῖς ἐν τῷ πολέμῳ κινδύνοις. Τῶν μὲν γὰρ ἐκεῖ γιγνομένων τὸ πλεῖστον μέρος τῇ τύχῃ μέτεστι, τὸ δ' ἐνθάδε γνωσθὲν αὐτῆς τῆς διανοίας σημεῖόν ἐστιν. Ὥσθ' ὁμοίως ἡμῖν φιλονικητέον ἐστὶν ὑπὲρ τῶν ἐνθάδε ψηφισθησομένων, ὥσπερ ὑπὲρ τῶν ἐν τοῖς ὅπλοις ἀγώνων.

40. Θαυμάζω δὲ τῶν ὑπὲρ μὲν τῆς ἰδίας δόξης ἀποθνήσκειν ἐθελόντων, ὑπὲρ δὲ τῆς κοινῆς μὴ τὴν αὐτὴν γνώμην ἐχόντων· ὑπὲρ ἧς ὁτιοῦν πάσχειν ἄξιον, ὥστε μὴ καταισχῦναι τὴν πόλιν, μηδὲ περιιδεῖν τὴν τάξιν λιποῦσαν, εἰς ἣν οἱ πατέρες κατέστησαν αὐτήν. Πολλῶν δὲ πραγμάτων ἡμῖν καὶ δεινῶν ἐφεστώτων, ἃ δεῖ διαφυγεῖν, ἐκεῖνο μάλιστα φυλακτέον, ὅπως μηδὲν ἀνάνδρως φανησόμεθα διαπραττόμενοι μηδὲ συγχωροῦντες τοῖς πολεμίοις παρὰ τὸ δίκαιον. Αἰσχρὸν γὰρ τοὺς ἄρξαι τῶν Ἑλλήνων ἀξιωθέντας ὀφθῆναι τὸ προσταττόμενον ποιοῦντας, καὶ τοσοῦτον ἀπολειφθῆναι τῶν προγόνων, ὥστε τοὺς μὲν ὑπὲρ τοῦ τοῖς ἄλλοις ἐπιτάττειν ἐθέλειν ἀποθνήσκειν, ἡμᾶς δ' ὑπὲρ τοῦ μὴ ποιεῖν τὸ κελευόμενον μὴ τολμᾶν διακινδυνεύειν.

41. Ἄξιον δὲ καὶ τὴν Ὀλυμπιάδα[1] καὶ τὰς ἄλλας αἰσχυνθῆναι πανηγύρεις, ἐν αἷς ἕκαστος ἡμῶν ζηλωτότερος ἦν καὶ θαυμαστότερος τῶν ἀθλητῶν τῶν ἐν τοῖς ἀγῶσι τὰς νίκας ἀναιρουμένων. Εἰς ἃς τίς ἂν ἐλθεῖν τολμήσειε ἀντὶ μὲν τοῦ τιμᾶσθαι καταφρονηθησόμενος; ἀντὶ δὲ τοῦ περίστατος ὑπὸ πάντω δι' ἀρετὴν εἶναι, περίβλεπτος ὑπὸ τῶν αὐτῶν ἐπὶ κακίᾳ γενησόμενος; ἔτι δὲ πρὸς τούτοις ὀψόμενος μὲν τοὺς οἰκέτας ἀπὸ τῆς χώρας, ἧς οἱ πατέρες ἡμῖν κατέλιπον, ἀπαρχὰς καὶ θυσίας μείζους ἡμῶν ποιουμένους; ἀκουσόμενος δ' αὐτῶν τοιαύταις βλασφημίαις χρωμένων, οἵαις περ εἰκὸς τοὺς χαλεπώτερον μὲν τῶν ἄλλων δεδουλευκότας, ἐξ ἴσου δὲ νῦν τὰς συνθήκας τοῖς δεσπόταις πεποιημένους; ἐφ' αἷς ἕκαστος ἡμῶν οὕτως ἂν ἀλγήσειεν, ὡς οὐδεὶς ἂν τῶν ζώντων διὰ λόγου δηλώσειεν. Ὑπὲρ ὧν χρὴ βουλεύεσθαι, καὶ μὴ τότ' ἀγανακτεῖν, ὅτ' οὐδὲν ἡμῖν

honteuse. Or, la lâcheté d'un peuple ne se déclare pas moins dans le conseil que dans l'action, lorsqu'il s'agit de la guerre. Ici, en effet, le succès dépend presque entièrement de la fortune ; là, c'est l'esprit de la nation qui se révèle. Il faut donc attacher le même prix au résultat de nos délibérations qu'au succès de nos batailles.

40. J'admire ceux qui voudraient mourir pour soutenir leur propre réputation, et qui n'ont plus le même sentiment, lorsqu'il s'agit de l'honneur public, qu'on devrait défendre à tout prix, afin d'épargner la honte à notre patrie, et de ne pas la faire déchoir du rang où nos pères l'ont élevée. Au milieu de tant de malheurs qui nous menacent, et qu'il faut éviter, il en est un surtout dont il faut bien se garder : c'est de faire à l'ennemi aucune lâche soumission, aucune concession qui soit contraire à nos droits. Il serait honteux de voir ceux qui prétendaient commander à la Grèce, recevoir des ordres et dégénérer de leurs ancêtres, qui mouraient pour commander aux autres, au point ne n'oser pas risquer la guerre pour se soustraire au joug.

41. Il faut redouter aussi les jeux Olympiques et toutes les assemblées nationales, où chacun de nous était plus envié, plus admiré que ceux des athlètes qui remportaient la victoire dans les luttes. Qui oserait y retourner pour y recueillir, non plus des hommages, mais des mépris ; pour s'y voir, non plus distingué comme un brave, mais remarqué comme un lâche, et, qui plus est, pour avoir sous les yeux nos esclaves enrichis par la terre que nous laissèrent nos ancêtres, et nous effaçant par l'abondance de leurs libations et de leurs sacrifices ; pour entendre enfin leurs reproches sanglants, comme ceux que peuvent proférer d'anciens esclaves qui traitent sur le pied d'égalité avec leurs maîtres ? Outrages dont chacun de nous souffrirait plus que ne saurait l'exprimer le langage des hommes. Voilà sur quoi nous avons à délibérer ; et il ne s'agit pas de faire éclater notre indignation, quand nous n'en pourrons plus rien attendre, mais d'aviser

ἔσται πλέον, ἀλλὰ νῦν σκοπεῖν, ὅπως μηδὲν συμβήσεται τοιοῦτον. Ὡς ἔστιν ἓν τῶν αἰσχρῶν, πρότερον μὲν μηδὲ τὰς τῶν
ἐλευθέρων ἰσηγορίας ἀνέχεσθαι, νῦν δὲ καὶ τὴν τῶν δούλων
παρρησίαν ὑπομένοντας φαίνεσθαι. Δόξομεν γὰρ τὸν παρελθόντα
χρόνον ἀλαζονεύεσθαι, καὶ τὴν μὲν φύσιν ὅμοιοι τοῖς ἄλλοις εἶναι, ταῖς δ᾽ αὐθαδείαις καὶ ταῖς σεμνότησιν οὐκ ἀληθιναῖς, ἀλλὰ
πεπλασμέναις κεχρῆσθαι. Μηδὲν οὖν ἐνδῶμεν τοιοῦτον τοῖς εἰ-
θισμένοις ἡμᾶς κακολογεῖν, ἀλλὰ τοὺς λόγους αὐτῶν ἐξελέγξαι
πειραθῶμεν, ὅμοιοι γενόμενοι τοῖς τῶν προγόνων ἔργοις [1].

42. Ἀναμνήσθητε δὲ τῶν ἐν Διπαίᾳ [2] πρὸς Ἀρκάδας ἀγωνισα-
μένων, οὕς φασιν ἐπὶ μιᾶς ἀσπίδος [3] παραταξαμένους τρόπαιον στῆ-
σαι πολλῶν μυριάδων· καὶ τῶν τριακοσίων τῶν ἐν Θυρέαις [4] ἅπαντας
Ἀργείους μάχῃ νικησάντων· καὶ τῶν χιλίων τῶν εἰς Θερμοπύλας
ἀπαντησάντων [5], οἳ, πρὸς ἑβδομήκοντα μυριάδας τῶν βαρβάρων
συμβαλόντες, οὐκ ἔφυγον, οὐδ᾽ ἡττήθησαν, ἀλλ᾽ ἐνταῦθα τὸν
βίον ἐτελεύτησαν, οὗ περ ἐτάχθησαν, τοιούτους αὐτοὺς παρα-
σχόντες, ὥστε τοὺς μετὰ τέχνης ἐγκωμιάζοντας μὴ δύνασθαι
τοὺς ἐπαίνους ἐξισῶσαι ταῖς ἐκείνων ἀρεταῖς. Ἁπάντων οὖν
τούτων ἀναμνησθέντες, ἐρρωμενέστερον ἀντιλαβώμεθα τοῦ πολέμου, καὶ μὴ περιμένωμεν ὡς ἄλλων τινῶν τὰς παρούσας
ἀτυχίας ἰασομένων, ἀλλ᾽, ἐπειδή περ ἐφ᾽ ἡμῶν γεγόνασιν, ἡμεῖς
αὐτὰς καὶ διαλῦσαι πειραθῶμεν. Χρὴ δὲ τοὺς ἄνδρας τοὺς ἀγα-
θοὺς ἐν τοῖς τοιούτοις καιροῖς φαίνεσθαι διαφέροντας· αἱ μὲν γὰρ
εὐτυχίαι καὶ τοῖς φαύλοις τῶν ἀνθρώπων τὰς κακίας συγκρύ-
πτουσιν, αἱ δὲ δυσπαρξίαι ταχέως καταφανεῖς ποιοῦσιν, ὁποῖοί
τινες ἕκαστοι τυγχάνουσιν ὄντες· ἐν αἷς ἡμῖν ἐπιδεικτέον ἐστὶν
εἴ τι τῶν ἄλλων ἄμεινον τεθράμμεθα καὶ πεπαιδεύμεθα πρὸς
ἀρετήν.

43. Ἔστι δ᾽ οὐδὲν ἀνέλπιστον ἐκ τῶν νῦν παρόντων συμ-
βῆναί τι τῶν δεόντων ἡμῖν. Οἶμαι γὰρ ὑμᾶς οὐκ ἀγνοεῖν ὅτι
πολλαὶ πράξεις ἤδη τοιαῦται γεγόνασιν, ἃς ἐν ἀρχῇ μὲν ἅπαντες ὑπέλαβον εἶναι συμφοράς, καὶ τοῖς παθοῦσι συνηχθέσθησαν,
ὕστερον δὲ τὰς αὐτὰς ταύτας ἔγνωσαν μεγίστων ἀγαθῶν αἰτίας

présentement aux moyens de nous garantir de pareils malheurs. Le comble de l'infamie, ce serait, après n'avoir jamais admis d'hommes libres à nous parler trop librement, de souffrir le franc-parler de nos esclaves. On croira que, dans le temps, nous n'étions que des fanfarons, et que, sans être meilleurs que les autres, nous nous donnions de faux airs d'arrogance et de dignité affectée. Ne laissons pas cette satisfaction à ceux qui aiment à nous décrier, mais tâchons de les démentir par une conduite digne de nos ancêtres.

42. Rappelez-vous ceux qui combattirent les Arcadiens à Dipée, et remportèrent l'avantage, malgré leur petit nombre, sur des milliers d'ennemis; et les trois cents, qui vainquirent à Thyrée tous les Argiens; et ces mille Spartiates, qui, marchant aux Thermopyles contre sept cent mille barbares, les attaquèrent, et, loin de fuir et de se laisser vaincre, moururent tous à leur poste, s'élevant ainsi au-dessus des éloges, dont l'art le plus consommé n'a pu égaler leurs vertus. Aidons-nous de ces souvenirs, pour nous préparer à soutenir plus vigoureusement la guerre, et n'attendons pas que d'autres viennent porter remède à nos maux; mais puisque c'est sur nous qu'ils retombent, tâchons aussi de nous en délivrer par nous-mêmes. C'est dans de pareilles circonstances que doivent se distinguer les hommes de cœur. La prospérité dissimule jusqu'à la faiblesse des lâches; mais les revers mettent vite au jour le caractère de chacun; et c'est ici l'occasion de montrer si nous avons été nourris dans de meilleurs principes que les autres, et si nous avons été mieux formés à la vertu.

43. Il ne faut pas désespérer de quelque changement heureux dans la situation présente de nos affaires. Car vous n'ignorez pas, je pense, que souvent déjà, il est arrivé que tels événements, regardés d'abord par tout le monde comme des malheurs, et devenus odieux à ceux qui en étaient victimes, furent dans la suite reconnus pour être l'origine

γεγενημένας. Καὶ τί δεῖ τὰ πόρρω λέγειν; Ἀλλὰ καὶ νῦν τὰς
πόλεις τάς γε πρωτευούσας, λέγω δὲ τὴν Ἀθηναίων καὶ Θηβαίων, εὕροιμεν ἂν οὐκ ἐκ τῆς εἰρήνης μεγάλην ἐπίδοσιν λαβού-
σας, ἀλλ' ἐξ ὧν ἐν τῷ πολέμῳ προδυστυχήσασαι πάλιν αὐτὰς
ἀνέλαβον, ἐκ δὲ τούτων τὴν μὲν ἡγεμόνα τῶν Ἑλλήνων κα-
τασταῖσαν, τὴν δ' ἐν τῷ παρόντι τηλικαύτην γεγενημένην, ὅσην
οὐδεὶς πώποτ' ἔσεσθαι προσεδόκησεν· αἱ γὰρ ἐπιφάνειαι καὶ
λαμπρότητες οὐκ ἐκ τῆς ἡσυχίας, ἀλλ' ἐκ τῶν ἀγώνων γίγνεσθαι
φιλοῦσιν. [1] Ὧν ἡμᾶς ὀρέγεσθαι προσήκει, μήτε τῶν σωμάτων
μήτε τῆς ψυχῆς μήτε τῶν ἄλλων ὧν ἔχομεν μηδενὸς φειδομέ-
νους. Ἢν γὰρ κατορθώσωμεν, καὶ τὴν πόλιν εἰς ταὐτὸ καταστῆσαι
δυνηθῶμεν, ἐξ ὧνπερ [2] ἐκπέπτωκε, καὶ τῶν προγεγενημένων μᾶλλον θαυμασθησόμεθα, καὶ τοῖς ἐπιγιγνομένοις οὐδεμίαν ὑπερ-
βολὴν ἀνδραγαθίας καταλείψομεν, ἀλλὰ καὶ τοὺς βουλομένους
εὐλογεῖν ἡμᾶς ἀπορεῖν ποιήσομεν, ὅ τι τῶν πεπραγμένων ἡμῖν
ἄξιον ἐροῦσιν. Δεῖ δὲ μηδὲ τοῦτο λανθάνειν ὑμᾶς, ὅτι πάντες
τῷ συλλόγῳ τούτῳ καὶ τοῖς γνωσθησομένοις ὑφ' ἡμῶν προσέ-
χουσι τὸν νοῦν. Ὥσπερ οὖν ἐν κοινῷ θεάτρῳ τῶν Ἑλλήνων δι-
δοὺς ἔλεγχον ἕκαστος ὑμῶν τῆς αὑτοῦ φύσεως, οὕτω διακείσθω
τὴν γνώμην.

44. Ἔστι δ' ἁπλοῦν τὸ καλῶς βουλεύσασθαι περὶ τούτων.
Ἢν μὲν γὰρ ἐθέλωμεν ἀποθνήσκειν ὑπὲρ τῶν δικαίων, οὐ μόνον
εὐδοκιμήσομεν, ἀλλὰ καὶ τὸν ἐπίλοιπον χρόνον ἀσφαλῶς ἡμῖν
ἐξέσται ζῆν· εἰ δὲ φοβησόμεθα τοὺς κινδύνους, εἰς πολλὰς τα-
ραχὰς καταστήσομεν ἡμᾶς αὐτούς. Παρακαλέσαντες οὖν ἀλλήλους, ἀποδῶμεν τὰ τροφεῖα τῇ πατρίδι, καὶ μὴ περιίδωμεν
ὑβρισθεῖσαν τὴν Λακεδαίμονα καὶ καταφρονηθεῖσαν, μηδὲ ψευ-
σθῆναι ποιήσωμεν τῶν ἐλπίδων τοὺς εὔνους ἡμῖν ὄντας, μηδὲ
περὶ πλείονος φανῶμεν ποιούμενοι τὸ ζῆν τοῦ παρὰ πᾶσιν ἀνθρώποις εὐδοκιμεῖν, ἐνθυμηθέντες ὅτι κάλλιόν ἐστιν ἀντὶ θνητοῦ
σώματος ἀθάνατον δόξαν ἀντικαταλλάξασθαι, καὶ ψυχῆς, ἣν
οὐχ ἕξομεν ὀλίγων ἐτῶν, πρίασθαι τοιαύτην εὔκλειαν, ἣ πάντα
τὸν αἰῶνα τοῖς ἐξ ἡμῶν γενομένοις παραμενεῖ, πολὺ μᾶλλον ἢ

des plus grands biens. Et pourquoi parler de si loin ? Ne voyons-nous pas que les états de la Grèce qui dominent aujourd'hui, Athènes et Thèbes, ne se sont pas accrus par la paix, mais par la nécessité où les ont mis leurs revers, de se relever eux-mêmes ; si bien que l'une est à présent à la tête de la Grèce, et que l'autre est parvenue plus haut qu'on ne s'y fût jamais attendu. Ce n'est pas du sein de la paix, c'est du milieu de la lutte que surgissent ordinairement les renommées et les gloires. C'est donc à la lutte que nous devons aspirer, sans ménager nos forces, notre vie, ni rien de ce qui nous appartient. Si nous pouvons relever et rétablir notre république dans le rang d'où elle est tombée, nos malheurs passés ne feront que nous rehausser dans l'opinion, et nous réduirons ainsi à l'impuissance nos descendants qui voudraient nous surpasser en courage, et au silence nos panégyristes, qui seront embarrassés pour trouver des éloges dignes de nos actions. Vous ne devez pas ignorer non plus que tout le monde est attentif aux résolutions que vous allez prendre dans cette assemblée. Ainsi, que chacun de vous se figure qu'il va paraître sur un vaste théâtre, au milieu des Grecs qui l'observent, et qu'il se conduise en conséquence.

44. Au reste, le meilleur parti à prendre est bien simple. En consentant à mourir pour le bon droit, non seulement nous nous couvrons de gloire, mais encore nous nous assurons une vie tranquille pour l'avenir ; au lieu que, si nous reculons devant le danger, nous nous exposons à des troubles sans fin. Animons-nous donc mutuellement à payer notre tribut à la patrie qui nous a nourris, et ne laissons pas outrager et mépriser impunément Lacédémone ; gardons-nous de tromper l'espoir de nos amis, et ne préférons pas la vie à l'estime de tous les hommes, convaincus qu'il vaut bien mieux échanger un corps périssable contre une gloire immortelle, et, au prix d'une vie de quelques années, acheter un nom illustre qui res

μικροῦ χρόνου γλιχομένους μεγάλαις αἰσχύναις ἡμᾶς αὐτοὺς περιβαλεῖν. Ἡγοῦμαι δ' οὕτως ἂν ὑμᾶς μάλιστα πκροξυνθῆναι πρὸς τὸν πόλεμον, εἰ ταῖς διανοίαις ὥσπερ παρεστῶτας ἴδοιτε τοὺς γονέας καὶ τοὺς παῖδας τοὺς ὑμετέρους αὐτῶν, τοὺς μὲν [1] παρακελευομένους μὴ καταισχῦναι τὸ τῆς Σπάρτης [1] ὄνομα, μηδὲ τοὺς νόμους ἐν οἷς ἐπαιδεύθημεν, μηδὲ τὰς μάχας τὰς ἐφ' αὑτῶν γενομένας, τοὺς δ' [2] ἀπαιτοῦντας τὴν χώραν, ἣν οἱ πρόγονοι κατέλιπον, καὶ τὴν δυναστείαν τὴν ἐν τοῖς Ἕλλησι, καὶ τὴν ἡγεμονίαν, ἥνπερ αὐτοὶ παρὰ τῶν πατέρων παρελάβομεν· πρὸς οὓς οὐδὲν ἂν ἔχοιμεν εἰπεῖν ὡς οὐκ ἀμφότεροι [3] δίκαια τυγχάνουσι λέγοντες.

45. Οὐκ οἶδ' ὅ τι δεῖ μακρολογεῖν, πλὴν τοσοῦτον, ὡς, πλείστων τῇ πόλει ταύτῃ πολέμων καὶ κινδύνων γεγενημένων, οὐδὲ πώποθ' οἱ πολέμιοι τρόπαιον ἡμῶν ἔστησαν, ἡγουμένου βασιλέως ἐκ τῆς οἰκίας τῆς ἡμετέρας[4]. Ἔστι δὲ νοῦν ἐχόντων ἀνδρῶν, οἷσπερ ἂν ἐν ταῖς μάχαις ἡγεμόσι χρώμενοι κατορθῶσι, τούτοις καὶ περὶ τῶν μελλόντων κινδύνων συμβουλεύουσι μᾶλλον ἢ τοῖς ἄλλοις πείθεσθαι.

tera pour toujours à notre postérité, que d'aller, avares d'un temps si court, nous couvrir d'infamie. Je pense d'ailleurs que le meilleur moyen de vous animer à la guerre, c'est de vous représenter vos parents et vos enfants témoins de vos pensées : les uns, vous exhortant à ne point flétrir et le nom de Sparte, et les lois qui ont protégé notre éducation, et le souvenir de leurs exploits ; les autres, vous réclamant le territoire que nous ont laissé nos ancêtres, la domination dans la Grèce et la prééminence que nous avons reçues de nos pères. Nous n'aurions rien à redire aux discours des uns et des autres, et ils auraient raison.

45. Je ne crois pas nécessaire d'en dire davantage, et je n'ajoute qu'un mot : au milieu des guerres et des dangers qui ont assailli la république, jamais l'ennemi ne fut vainqueur des Lacédémoniens, commandés par un roi de ma maison. Or, il appartient à des hommes sensés, dont les chefs les ont conduits à la victoire, de s'en rapporter, quand il s'agit de la guerre, à leurs conseils plutôt qu'à ceux des autres.

NOTES

SUR ARCHIDAMUS.

———

Le texte de cette édition est celui de Baiter et Sauppe ; il n'y en a ni de meilleur ni de plus récent. — Les notes ont été rédigées d'après les meilleures éditions, françaises et étrangères ; Wolf, H. Étienne, Auger, Lange, Coray, Bremi, etc. On ne s'étonnera pas de la ressemblance de ces notes avec celles d'éditions récemment publiées ; elles sont puisées aux mêmes sources. — Quoique le texte soit précédé d'une introduction et d'un argument analytique en français, fort détaillé, et qui suit pas à pas l'orateur, on n'en trouvera pas moins à la fin les deux arguments grecs qui accompagnent ordinairement le discours d'Isocrate et qui ne sont pas sans intérêt, surtout celui de Denys d'Halicarnasse.

Page 6.—1. Νομίμοις, *les usages de la république*. A Sparte, on ne pouvait prendre la parole dans les assemblées du peuple avant l'âge de trente ans.

— 2. Ὡς οὐκ οἶδ' εἴ τις ἄλλος τῶν ἡλικιωτῶν, sous-entendu ἐμμεμένηκε.

—3. Συναγορεύοντας οἷς οἱ πολέμιοι προστάττουσιν, au lieu de συναγορεύοντας τούτοις ἃ , etc. , par attraction.

— 4. Τὴν ἰδίαν τοῦ βίου τάξιν διαφυλάττων (ut propriam vitæ meæ rationem teneam), *par respect pour mes principes*.

— 5. Τηλικούτους, *ceux de mon âge , les jeunes gens*.

— 6. Προσήκειν τούτους. Avec προσήκειν, suivi d'un infinitif, on trouve assez indifféremment le datif ou l'accusatif. Cette construction n'a rien d'irrégulier : le datif est complément de προσήκειν, l'accusatif est sujet de l'infinitif suivant.

—7. Οὐ τῷ πλήθει τῶν ἐτῶν πρὸς τὸ, etc.; pensée souvent produite et reproduite ou imitée chez les anciens et les modernes :

> Je suis jeune, il est vrai ; mais aux âmes bien nées ,
> La valeur n'attend pas le nombre des années.
>
> CORNEILLE, *le Cid*, act. II, sc. 8.

Pag. 8.—1. Διαμαρτόντες δὲ τῆς ὑμετέρας γνώμης, *n'ayant point obtenu votre approbation*.

— 2. Τοὐμὸν ἴδιον, *mon sentiment particulier.*

— 3. Τοῦ δὲ πατρὸς βασιλεύοντος. Il s'agit ici d'Agésilas, dont Archidamus était fils.

— 4. Τοὺς οἰκέτας τοὺς ἡμετέρους, *nos propres esclaves,* les Messéniens.

—5. Ἐν τῇ μάχῃ τῇ πρὸς Θηβαίους, *dans le combat contre les Thébains,* à Leuctres, où Épaminondas défit Cléombrote, un des rois de Sparte, 370 av. J. C.; défaite qui fit perdre aux Lacédémoniens l'empire de la Grèce.

— 6. Λεῦκτρα, *Leuctres,* ville de Béotie à égale distance de Platée et de Thespies.

Page 10.—1. Σύμμαχοι, *les alliés.* Voy. Xénophon, *Helléniques,* VII, 2, 2, et 4, 7—10. Cor.

— 2. Μεσσήνην, *Messène,* ville capitale de la Messénie, ou peut-être ici la Messénie elle-même; car ce ne fut qu'en 370 avant J.-C., après la victoire remportée à Leuctres par Épaminondas sur les Lacédémoniens, que la ville de Messène fut fondée, lorsque le général Thébain fit rentrer dans leur patrie les familles Messéniennes, exilées depuis plus de trois siècles.

—3. Ἥς ne peut vraisemblablement se rapporter à δόξαν; il est, sans doute par ellipse, en rapport avec γνώμης, συμβουλῆς, etc.

— 4. Τῆς αὐτῶν, sous-entendu χώρας ou γῆς.

— 5. Περὶ τοῦτο se rapporte à l'idée contenue dans λόγους.

Page 12. — 1. Δωριεῖς, *Doriens, originaires de la Doride.*

— 2. Τὴν ἄλλην Λακεδαίμονα, *le reste du territoire de Lacédémone.* Lacédémone était la capitale de la Laconie.

— 3. Ἐπὶ δὲ τρίτης γενεᾶς, *à la troisième génération;* d'autres disent à la quatrième. Hercule eut pour fils Hyllus, qui donna le jour à Cléodée; de ce dernier naquit Aristomaque, dont le fils Aristodème s'empara du Péloponèse avec les Doriens, 1100 avant Jésus-Christ.

— 4. Περσειδῶν, *descendants de Persée.* Hercule et Eurysthée, comme on sait, étaient fils d'Alcmène et d'Amphitryon, lequel était fils d'Alcée et petit-fils de Persée.

— 5. Τυνδάρεως, *Tyndare,* roi de Sparte, avait été exclu de la couronne, qui lui appartenait, par son frère Hippocoon.

— 6. Ἐπειδὴ Κάστωρ καὶ Πολυδεύκης ἐξ ἀνθρώπων ἠφανίσθησαν, *quand Castor et Pollux eurent disparu du milieu des hommes;*

ces deux fils de Léda, femme de Tyndare, furent changés en une constellation appelée les *Gémeaux*.

— 7. Διὰ τὴν συγγένειαν τὴν πρὸς τοὺς παῖδας, *à cause de la communauté d'origine qui l'unissait à ses fils*; Jupiter passait pour le père d'Hercule et de Castor et Pollux.

— 8. Τὰς βοῦς τὰς ἐκ τῆς Ἐρυθείας, *les bœufs amenés d'Érythée.* Ces *bœufs* étaient ceux qu'Hercule avait enlevés à Géryon, roi d'Erythée, île située dans l'Océan, près de Gadès, sur la côte de la Bétique, aujourd'hui *île de Léon*.

— 9. Ὑπὸ Νηλέως καὶ τῶν παίδων, *par Nélée et ses enfants.* Ce prince aventureux parvint à s'établir dans une partie du Péloponèse ; et fier de ses grandes richesses et de sa nombreuse famille, douze fils et une fille, il osa attaquer Hercule.

—10. Πλὴν ὑπὸ Νέστωρος, *à l'exception de Nestor.* C'est le même que ce roi de Pylos aux trois âges d'homme, dont parle si souvent Homère dans l'Iliade.

Page 14. — 1. Βοηθεῖν τῷ τεθνεῶτι, *porter secours au mort*, par conséquent *le venger*.

— 2. Ταῦτα, *ces choses* ou *cela*, c'est-à-dire *le pays*; τὴν χώραν, exprimé une ligne plus haut.

— 3. Τιμωρεῖν τοῖς ἠδικημένοις, *tirer vengeance pour les opprimés*, par conséquent *les venger*.

— 4. Ταύτην se rapporte à ὁμολογουμένην ἡμετέραν χώραν.

— 5. Ἐκείνην se rapporte à τὴν ἀμφισβητουμένην (χώραν).

— 6. Προστάττωσι, sous-entendu Θηβαῖοι, *les Thébains*.

Page 16. — 1. Μεσσήνην εἵλομεν. La prise d'Ira, capitale de la Messénie, eut lieu dans la deuxième guerre des Messéniens, 671 av. J. C.; mais il est probable que l'orateur veut parler ici de la prise d'Ithome, ville de Messénie, qui eut lieu dans la première guerre de Messenie, 724 av. J. C.

— 2. Πρὶν Πέρσας λαβεῖν τὴν βασιλείαν. La Perse ou Perside ne fut d'abord qu'une petite contrée de l'Asie. Cyrus l'étendit par ses conquêtes, et fonda cette immense monarchie connue sous le nom d'empire des Perses, de 559 à 529 av. J. C.

— 3. Τῆς ἠπείρου, *le continent* ; il faut entendre ici l'Asie.

— 4. Ἀποδιδόασι se rapporte à Θηβαῖοι sous-entendu.

— 5. Οὔπω διακόσι' ἔτη, *pas encore deux cents ans ;* πλέον διπλάσιον χρόνον, *plus du double de temps.* A l'époque où est censé parler l'orateur, 371 av. J. C., il n'y avait pas encore deux cents ans que l'empire des Perses avait été fondé par Cyrus, environ 540 avant

J. C., et il y avait plus du double de temps qu'avait eu lieu, dans la première guerre des Messéniens, la prise d'Ithome, une de leurs villes, 724 av. J. C.

— 6. Θεσπιὰς καὶ Πλαταιάς, *Thespies et Platées*, villes de Béotie, prises par les Thébains au commencement de la guerre du Péloponèse.

— 7. Ἐχθὲς καὶ πρώην, *hier et avant-hier*, c'est-à-dire, *récemment, depuis peu*.

— 8. Διὰ τετρακοσίων ἐτῶν, *après quatre cents ans*. Les auteurs ne sont pas d'accord sur cette date; mais d'après le raisonnement de l'orateur, c'est bien τετρακοσίων qu'il faut ici. La contradiction vient sans doute de la différence du point de départ, de la prise d'Ira ou de la prise d'Ithome.

— 9. Τοὺς Εἵλωτας, *les Hilotes, Hélotes*, ou plus souvent *Ilotes*. Cette désignation était commune à tous les esclaves de Lacédémone. Mais, dans l'origine, le nom d'*Ilotes* ne désigna que les habitants d'Hélos, ville de Laconie, qui avaient été réduits en esclavage par Agis Ier, roi de Lacédémone, 1059 avant Jésus-Christ. On sait de reste avec quelle dureté et quel mépris ils étaient traités par les Spartiates. Ils se révoltèrent en 465 av. J. C., et se réunirent aux Messéniens dans la troisième guerre de Messénie. Mais le résultat de cette guerre fut la soumission des uns et des autres. Les Ilotes retombèrent dans un état encore plus misérable, et les Messéniens se virent partie confondus avec ces premiers esclaves de Lacédémone, partie forcés de s'expatrier, acceptant la dure condition d'être vendus comme esclaves s'ils faisaient la tentative de rentrer dans le Péloponèse. — Il n'est pas inutile de se rappeler ce fait historique pour bien comprendre le raisonnement de l'orateur, qui prétend que ce ne sont pas les véritables Messéniens qu'on rétablira dans leur patrie. — Les Spartiates d'ailleurs devaient craindre surtout le voisinage des Hilotes s'ils venaient à recouvrer jamais leur liberté comme nation ; et c'est ce que comprit parfaitement Épaminondas, lorsque, forcé par la défection de ses alliés d'abandonner le Péloponèse, il fonda la ville de Messène, et rétablit en corps de nation l'Arcadie et la Messénie, pour laisser l'ennemi aux portes de Sparte.

— 10. Στερησόμεθα est un futur moyen qui a la signification passive, ce qui arrive assez souvent, surtout chez les Attiques.

—11. Τοῦ πολέμου μακροῦ γιγνομένου, *la guerre se prolongeant*. Il est ici question de la première guerre de Messénie qui avait duré dix-neuf ans.

Page 18.—1. Καὶ βοήθειαν παρ' ὧν μεταπέμψασθαι, *et les peuples dont il fallait reclamer l'assistance.* L'orateur fait ici allusion à l'histoire bien connue du poëte Tyrtée, envoyé par les Athéniens au secours des Spartiates.

— 2. Ἕνεκα τούτου, ἐπὶ τούτῳ et περὶ τούτου dans cette phrase, se rapportent à τοῦ δικαίου, *le juste, la justice.*

Page 20.— 1. Ἐν δὲ τοῖς τούτων, sous-entendu λόγοις ἔνεστι, *à entendre ceux qui* conseillent de faire la paix à tout prix.

— 2. Τυχὸν, participe neutre au nominatif ou à l'accusatif, pris absolument et employé adverbialement, et signifiant ici *peut-être, le cas échéant.*

Page 22.— 1. Τοὺς μὲν οὖν παλαιοὺς κινδύνους εἰ διεξιοίην, οὓς ἐποιήσαντο (οἱ Ἀθηναῖοι) πρὸς Ἀμαζόνας ἢ Θρᾷκας ἢ Πελοποννησίους τοὺς μετ' Εὐρυσθέως εἰς τὴν χώραν αὐτῶν εἰσβαλόντας... *Si je rapportais les guerres que les Athéniens soutinrent autrefois contre les Amazones, les Thraces et les Péloponésiens, qui envahirent leur pays avec Eurysthée...* Ces événements sont en effet d'une très-haute antiquité. L'invasion des Thraces dans l'Attique remonte à l'année 1460 av. J. C. C'est à cette époque que le roi Erechthée, pour obéir aux ordres de l'oracle de Delphes, sacrifie sa fille et périt lui-même en combattant. Les Athéniens vainqueurs accordèrent la paix aux Thraces, établis à Éleusis, à condition qu'ils reconnaîtraient la souveraineté d'Athènes, et qu'il leur serait permis de célébrer chez eux les mystères.

Quant à l'expédition contre les Amazones, attribuée à Thésée, elle remonterait vers 1320 av. J. C.

Enfin c'est vers 1307, que le roi Eurysthée, laissant le gouvernement de ses États à son beau-frère Atrée, marche avec ses fils au devant des Héraclides, qu'il a chassés autrefois de Tirynthe, et qui viennent alors, soutenus par les Athéniens et le vieux Thésée, réclamer Tirynthe et Mycènes. Il trouve la mort avec ses fils dans un combat livré près de l'isthme de Corinthe.

— 2. Διονύσιος ὁ τύραννος, *Denys le tyran* ou *l'Ancien.* Denys ne s'était élevé au trône qu'à force d'artifices, de persévérance et de courage. Il était d'une origine obscure ; et de plus, les Carthaginois, qui, appelés en Sicile par les Égestains, avaient tout envahi, opposaient un autre obstacle à son ambition. Vaincu par Imilcon au siége de Géla, qu'il veut secourir, et chassé de Syracuse, qui se soulève, il reprend l'avantage sur tous ses ennemis, poursuit le cours de ses succès contre les Carthaginois, jusqu'en 368 av. J. C., et les aurait peut-être entièrement chassés, s'il n'eût été prévenu par la mort.

— 3. Τῶν δὲ χρωμένων τινὸς, *un de ses familiers, de ses amis,* nommé Éloris par Diodore de Sicile, et Ellopidès par Élien.

—4. Καλόν ἐστιν ἐντάφιον ἡ τυραννίς, *la royauté est un beau tombeau ;* c'est-à-dire, il est beau de mourir roi, en roi. Ἐντάφιον est l'enveloppe, le linceuil dans lequel on ensevelissait les morts.

Page 24.— 1. Ἀμύντας, ὁ Μακεδόνων βασιλεύς, *Amyntas, roi de Macédoine.* Amyntas III, père de Philippe, soutint contre les Illyriens et les Olynthiens des guerres considérables, triompha de la trahison de sa femme Eurydice, et mourut tranquillement après avoir gouverné pendant vingt-quatre ans la Macédoine, qui passa aux mains d'Alexandre II, et demeura jusqu'au règne de Philippe, père d'Alexandre le Grand, la proie des factions, des Illyriens et des Thraces enhardis par la faiblesse d'un gouvernement anarchique.

—2. Τὰς εἰσβολάς, entre autres, les attaques ou invasions d'Agésilas, de Phébidas, de Cléombrote.

— 3. Πολιτείαν est à l'accusatif par attraction au lieu du nominatif ; la construction régulière serait πολιτεία ἐστί.

Page 26.— 1. Ἀπιστίαν, *défiance* pris passivement, *incertitude,* τὸ ἄδηλον καὶ ἀβέβαιον.

— 2. Πεδάριτος, quelquefois Παιδάρετος, *Pédarite,* l'un des harmostes ou magistrats militaires de Sparte, qui sauva l'île de Chio, et qui périt peu de temps après dans une sortie faite contre les Athéniens qui assiégeaient cette île.

— 3. Αὐτῶν se rapporte à Χίων, *habitants de Chio,* dont l'idée est comprise dans Χίον.

— 4. Βρασίδας, *Brasidas,* fameux général lacédémonien, qui se signala pendant la guerre du Péloponèse. Entre autres faits d'armes nombreux, il s'empara, 426 av. J. C., d'Amphipolis, qui fut le sujet de bien des guerres entre les Spartiates et les Athéniens, et la première cause des différends des Athéniens avec Philippe. Brasidas s'y renferma à l'approche de l'Athénien Cléon, et fit une sortie victorieuse sur les Athéniens qui voulaient reprendre la place. Il mourut quelque temps après des suites d'une blessure.

Page 28. — 1. Γύλιππος, *Gylippe,* général lacédémonien également fameux, fit la guerre aux Athéniens devant Syracuse, 414 av. J. C., et y vainquit leurs généraux Démosthène et Nicias. Dans la suite, il se déshonora en s'appropriant trois cents talents sur les quinze cents qu'envoyait à Sparte Lysandre vainqueur d'Athènes.

Page 30.—1. Μετὰ τούτων se rapporte, non à Λακεδαιμονίων, mais à τὸ τὰ δίκαια πράττειν; c'est-à-dire, μετὰ τῶν τὰ δίκαια πραττόντων.

— 2. Πρὸς δὲ ταύτῃ sous-entendu συμμαχία μεγίστην εἶναι συμμαχίαν ἡγοῦμαι, τὸ καλῶς πολιτεύεσθαι...

— 3. Τὸ κακῶς ἀκούειν ὑπό τινός, *avoir une mauvaise réputation auprès de quelqu'un*, expression assez fréquente en grec, et usitée aussi en latin, *benè, male audire.*

— 4. Ἐπ' ἐκείνοις se rapporte à l'idée contenue dans ὅταν ὁρῶμεν.

—5. Ὧν, génitif qui dépend du comparatif μείζω : τούτων ἅ, etc.

— 6. Ἐπίσταμαι γὰρ πρῶτον μὲν Ἀθηναίους... *Et d'abord je sais que les Athéniens...* Thèbes en effet s'était, déjà deux fois avant la bataille de Leuctres, aliéné les Athéniens par son orgueil et son ambition. Les peuples du Péloponèse commençaient aussi à regretter l'ancienne prépondérance de Sparte; et, quoique Athènes fût sa rivale, elle se croyait intéressée à sa conservation par l'émulation qu'inspirait à ses citoyens l'exemple d'un si grand peuple. Ce sentiment était réciproque entre les deux cités; car en 404, lorsque Athènes fut prise par Lysandre, les Lacédémoniens refusèrent de la détruire.

— 7. Πάντα pris adverbialement dans le même sens que πάντως, *tout à fait, absolument.*

— 8. Τὸν Αἰγυπτίων βασιλέα, *le roi des Égyptiens*, probablement Nectanébus ou Nectanébis II, qui avait fait alliance avec Agésilas, roi de Sparte, avec l'aide duquel il avait fait rentrer dans le devoir ses sujets révoltés.

—9. Τοὺς ἄλλους τοὺς κατὰ τὴν Ἀσίαν δυνάστας, *les autres souverains de l'Asie.* Chez les anciens, on prenait souvent l'Afrique pour une partie de l'Asie.

Page 32.—1. Εἰ καὶ μήπω συνεστήκασι, *s'ils ne se sont pas encore joints* à nous.

— 2. Τὸν δῆμον, *le peuple, la multitude, les partisans de la démocratie.*

— 3. Ἀπολέσαντες. Allusion aux discordes qui déchiraient les villes du Péloponèse, et surtout Corinthe, où le peuple avait massacré les partisans de Lacédémone. CORAY.

—4. Μεθ' ὧν οἰκοῦντες, *d'après lesquelles s'administrant.*

— 5. Ἐπὶ τῶν βωμῶν σφάττουσιν ἀλλήλους, *ils s'immolent entre eux sur les autels.* Cette phrase paraît évidemment se rapporter aux massacres qui eurent lieu à Corinthe.

— 6. Φεύγουσι. Cinq cents citoyens furent bannis de leurs pays, pendant les troubles dont il est ici question.

Page 34. — 1. Ὧν pour τούτων ἅ par attraction, génitif qui dépend de μᾶλλον.

— 2. Ἔνιοί τινες, quoique plus rare qu'ἔνιοι seulement, n'a cependant rien d'extraordinaire dans sa construction, ἔνιοι se décomposant en ἔνι pour ἔνεστιν ou même ἔνεισιν et en οἱ auquel s'ajoute τινές.

Page 36.— 1. Φημὶ γὰρ χρῆναι τοὺς μὲν γονέας τοὺς ἡμετέρους αὐτῶν καὶ τοὺς παῖδας καὶ τὰς γυναῖκας καὶ τὸν ὄχλον τὸν ἄλλον ἐκ τῆς πόλεως ἐκπέμψαι... *Je dis qu' il faut envoyer nos parents, nos enfants, nos femmes et toute la foule inutile loin de la ville.* C'est absolument le parti, il est bon de le remarquer, que prirent les Athéniens, lors de l'invasion de Xerxès. L'oracle leur avait répondu qu'ils ne seraient en sûreté, que derrière des remparts de bois. Thémistocle leur persuada que le dieu leur conseillait de s'embarquer sur des vaisseaux pour combattre les barbares. On envoya donc les femmes et les enfants à Salamine, à Épidaure, à Trézène, et l'on abandonna la ville et la citadelle à la garde des vieillards, qui attendirent la mort dans leur patrie. Tous les citoyens en état de porter les armes montèrent sur leurs vaisseaux et allèrent gagner la bataille de Salamine.

— 2. Τοὺς μὲν ἐς Σικελίαν καὶ Ἰταλίαν, *les uns en Sicile et en Italie.* Les Spartiates, comme les Grecs en général, eurent de fréquents rapports de tout genre, comme on le sait de reste par l'histoire, avec la Sicile et l'Italie, surtout la partie méridionale appelée Grande-Grèce.

— 3. Τοὺς δ' εἰς Κυρήνην, *les autres à Cyrène*, qui était une colonie de Lacédémoniens.

—4. Τοὺς δ' εἰς τὴν ἤπειρον, *d'autres sur le continent.* L'orateur a dit précédemment que les Lacédémoniens seraient secourus *par les autres souverains de l'Asie;* il est donc naturel de penser que par *continent,* il veut parler de l'Asie et du royaume du grand roi.

— 5. Ὧν par attraction pour τούτων ἅ, etc.

— 6. Κομιεῖσθαι προσδοκῶντες ὧν pour κομιεῖσθαι προσδοκῶντες χάριν τούτων ὧν, etc.

—7. Ὑπολειφθέντας τούς, etc., à l'accusatif, et ἀφεῖσθαι à l'infinitif dépendent de φημὶ χρῆναι. — Remarquez ἀφεῖσθαι pour ἀφίστασθαι, le parfait pour le présent, parce qu'il s'agit d'un état qui se prolonge. — Ὑπολειφθέντας peut s'entendre aussi bien dans le sens de *reliqui* que dans celui de *relicti.*

— 8. Θυραυλεῖν, *camper en plein air, bivouaquer,* etc.

Page 38. — 1. Ἐν τοῖς ἡμετέροις καιροῖς, *dans les circonstances, les moments qui nous conviendraient.*

— 2. Ἐπιλίποι , *manquerait , ne suffirait pas.*

Page 40. — 1. Συνειδότες Ἀθηναίοις ἐκλιποῦσι , c'est-à-dire , εἰδότες ὅτι οἱ Ἀθηναῖοι τὴν πόλιν ἐξέλιπον.

— 2. Φωκαεῖς , *les Phocéens* ou habitans de Phocée, ville située sur la côte Ionienne de l'Asie Mineure , qui émigrèrent pour se soustraire à la domination de Cyrus, et dont une colonie fonda *Massilie* ou *Marseille* , 550 av. J. C.

—3. Διατελοῦμεν n'est pas un présent, mais un futur attique.

Page 42. — 1. Ἐπιδαυρίοις , *les habitants d'Épidaure* , ville de l'Argolide, sur le golfe Saronique, fameuse par un temple d'Esculape.

— 2. Φλιασίοις , *les habitants de Phlionte* , petite ville du Péloponèse, à quelques lieues de Sicyone.

— 3. Τὸ καλῶς , sous-entendu σώζεσθαι.

Page 44. — 1. Ἄξιον δὲ καὶ τὴν Ὀλυμπιάδα καὶ τὰς ἄλλας αἰσχυνθῆναι πανηγύρεις.... *Il faut craindre aussi les jeux Olympiques et les autres assemblées des Grecs....* « Chaque ville de la Grèce a des fêtes qui en réunissent les habitants ; quatre grandes solennités réunissent tous les peuples de la Grèce ; ce sont les jeux Pythiques ou de Delphes ; les jeux Isthmique ou de Corinthe ; ceux de Némée et ceux d'Olympie, JEUX OLYMPIQUES. » *Voyage du jeune Anacharsis.*

Jusqu'à la bataille de Leuctres, les Lacédémoniens avaient été regardés comme invincibles. Grâce aux dispositions de la législation de Lycurgue, ils étaient les plus robustes et les plus exercés de tous les Grecs, et l'on conçoit que dans les jeux publics, où l'adresse et la force étaient des gages de victoire, ils fussent distingués entre tous.

Page 46.— 1. Ὅμοιοι γενόμενοι τοῖς τῶν προγόνων ἔργοις , *en devenant égaux* ou *semblables aux actions*, c'est-à-dire, *dignes des actions de nos ancêtres.* Il aurait fallu pour plus de régularité ὅμοιοι γενόμενοι τοῖς προγόνοις , ou ὅμοια ἐργασάμενοι τοῖς τῶν προγόνων ἔργοις. On trouve au reste, dans nos auteurs français, des phrases analogues, entre autres la suivante de Fénélon dans Télémaque : « Qu'il trouve en vous un fils égal à sa sagesse. »

— 2. Ἐν Διπαίᾳ, *à Dipée*, plaine et ville de l'Arcadie près du fleuve Élisson, célèbre par la bataille qui s'y livra entre les Arcadiens et les Spartiates commandés par Tisamène.

— 3. Ἐπὶ μιᾶς ἀσπίδος παραταξαμένους, *ayant combattu sur un seul rang.* Ἀσπίς, *bouclier, corps de troupes armé de boucliers, rang de soldats.*

— 4. Ἐν Θυρέαις, *à Thyrée*, ville du Péloponèse.

En 566, les Argiens, dépouillés du pays de Thyrée par les Lacédémoniens, convinrent avec eux, pour prévenir les malheurs d'une bataille générale, de se choisir de chaque côté trois cents champions, qui devaient par leur victoire assurer à leur patrie la possession du territoire contesté. Le combat dura jusqu'à la nuit. Il ne restait plus que Othryades du côté des Lacédémoniens, encore était-il grièvement blessé, et il avait à lutter contre les deux Argiens Alcénor et Chronius. Ceux-ci se croyant vainqueurs coururent en porter la nouvelle à leurs concitoyens, tandis qu'Othryades, après avoir transporté dans le camp des siens les dépouilles de l'ennemi, resta seul sur le champ de bataille. Le lendemain, quand l'issue du combat fut connue, chacun des deux partis se prétendit vainqueur, et en rappela aux armes. Il se livra une grande bataille, et les Lacédémoniens restèrent maîtres du pays disputé.

— 5. Καὶ τῶν χιλίων τῶν εἰς Θερμοπύλας ἀπαντησάντων, *et ces mille hommes marchant aux Thermopyles contre sept cent mille barbares*, etc. On sait que Léonidas, avec un corps de mille Lacédémoniens environ, contint pendant deux jours l'effort de l'armée de Xerxès, et que le troisième jour, tourné par les Barbares, il les attendit de pied ferme, et mourut avec trois cents Spartiates et les Thespiens qui avaient voulu partager son sort.

— 6. Ἐφ' ἡμῶν, *sous nous*, c'est-à-dire, *de notre temps*.

Page 48. — 1. Φιλοῦσιν, *ont coutume ;* expression remarquable, assez fréquente en grec; les Latins disent aussi quelquefois *amare* dans le sens de *solere*.

— 2. Ἐξ ὧνπερ est en rapport avec εἰς ταὐτό ; il aurait fallu, pour la régularité grammaticale, εἰς ταὐτὸ ἐξ οὗπερ, ou εἰς ταὐτὰ ἐξ ὧνπερ ; mais l'accord se fait ici plutôt avec l'idée qu'avec l'expression, construction qui n'est pas rare dans le style oratoire.

Page 50. — 1. Τοὺς μὲν, c'est-à-dire, τοὺς γονέας.

— 2. Τοὺς δὲ, c'est-à-dire, τοὺς παῖδας.

— 3. Ἀμφότεροι, c'est-à-dire, παῖδες καὶ πατέρες.

— 4. Ἐκ τῆς οἰκίας τῆς ἡμετέρας. Les deux rois qui régnaient en même temps à Sparte, descendaient de la famille des Héraclides, mais de deux branches différentes, d'Eurysthène et de Proclès. C'est à Proclès qu'Archidamus rapporte son origine.

TRADUCTIONS FRANÇAISES

DES PRINCIPAUX AUTEURS CLASSIQUES GRECS,

AVEC LE TEXTE GREC EN REGARD ET DES NOTES;

Par une société de professeurs et d'hellénistes

EN VENTE.

ARISTOPHANE : *Plutus.* Traduction nouvelle de M. Caffant, professeur au Collége royal de Reims. In-12, broché............ 2 fr.

CHRYSOSTOME (S. JEAN) : *Homélie en faveur d'Eutrope.* Traduction nouvelle de M. Sommer, ancien élève de l'École normale. In-12.   50 c.

ESCHINE : *Discours contre Ctésiphon.* Traduction d'Auger, revue et corrigée par M. Sommer. 1 vol. in-12. Prix, br........ 2 fr. 50 c.

ESCHYLE : *Prométhée enchaîné.* Traduction nouvelle de MM. Ph. Le Bas, maître de conférences à l'École normale, et Th. Fix. In-12. 2 fr.

EURIPIDE : *Iphigénie en Aulide.* Traduction nouvelle des mêmes auteurs. In-12........................... 2 fr. 50 c.

ÉSOPE : *Fables choisies.* Traduction nouvelle de M. C. Leprévost, professeur au Collége royal de Bourbon. In-12. Prix............... 1 fr.

ISOCRATE : *Archidamus.* Traduction nouvelle du même auteur..   1 fr.

— *Conseils à Démonique.* Traduction nouvelle du même auteur. 1 vol. in-12. Prix................................... 60 c.

LUCIEN : *Dialogues des morts.* Traduction nouvelle du même auteur. In-12. Prix.............................. 1 fr. 50 c.

PLUTARQUE : *Vie de César.* Traduction de Ricard, revue et corrigée par M. Materne, professeur au Collége royal de Caen. In-12. Prix 2 fr.

— *Vie de Cicéron.* Traduction nouvelle de M. Sommer. In-12. Prix 2 fr.

— *Vie de Marius.* Traduction de Ricard, revue par M. Sommer.

SOPHOCLE : *Antigone.* Traduction nouvelle de M. Bellaguet, avec le texte grec revu et des notes, par M. Benloew. In-12. Prix....... 2 fr.

— *Œdipe à Colone*, traduit et revu par les mêmes auteurs.. 2 fr. 50 c.

— *Œdipe roi.* Traduction nouvelle de M. Bellaguet. In-12. Prix.... 2 fr.

XÉNOPHON : *Apologie de Socrate.* Traduction nouvelle de M. C. Leprévost. Prix.................................... 50 c.

— *Entretiens mémorables de Socrate (les quatre livres).* Traduction nouvelle de M. Sommer.

Chaque livre, séparément. Prix................... 1 fr. 50 c.